DIY
Turning
Point No.2

동영상과 애니메이션 강의가 있어 더욱 쉬운

아름다운 천연석비즈 액세서리

차명연 지음/기획 터닝포인트

성안당.com

동영상과 애니메이션 강의가 있어 더욱 쉬운

아름다운 천연석 비즈 액세서리

2006년 8월 10일 초판 1쇄 발행
2012년 3월 20일 초판 4쇄 발행

저자	차 명 연
펴낸이	이 종 춘
펴낸곳	🄰 성안당 .com
등록번호	1973. 2. 1. 제13-12호
주소	경기도 파주시 교하읍 문발리 출판문화정보 산업단지 536-3번지
대표전화	(031)955-0511
팩스	(031)955-0510
수신자부담 전화	080-544-0511
홈페이지	http://www.cyber.co.kr

ISBN 978-89-315-7192-9
정가 16,800원

이 책을 만든 사람들
기획 · 터닝포인트(http://www.diytp.com)
책임 · 박현수, 정상석(diamat@naver.com)
표지 디자인 · 디박스/이기연
진행 · 김상연, 이순옥
편집 디자인 · 디자인 숲/이기숙
사진 촬영 · F1 스튜디오(이성우)
코디 · 스튜디오 무늬/주혜준
일러스트 · 김춘하
동영상 강의 · 이정숙
CD 타이틀 디자인 · 천희정
프로그래밍 · 김남곤
영업 · 김유재, 변재업, 정창현, 차정욱, 최현욱
제작 · 구본철

내용문의 다음카페 선아의 구슬 놀이터(http://cafe.daum.net/suna980705)
미미코(http://www.mimico.co.kr)

물류 및 영업 본부 · 전화(031)955-0511(대) · 팩스(031)955-0510

머리말

introduction

작년 겨울 샘플 디자인 작업에 들어가면서 시작된 이 모든 일이 이렇게 오래 걸리는 일인 줄 몰랐습니다. 책을 사 보면서 비평은 많이 했었는데 실제로 책을 만들어보니 독자의 입장과는 다른 많은 것을 느끼게 되더군요. 한 권의 책을 만드는데 수많은 사람들의 열정과 정성이 많이 들어간다는 사실을 말입니다.

초보자들이 누구나 쉽게 고급스러운 액세서리들을 만들 수 있도록 하는 것이 이 책의 포인트입니다. 다양한 작품들의 제작 과정을 통해 천연석과 여러 가지 비즈 재료들을 혼합하는 방법과 컬러 디자인 기법 등을 담았습니다. 물론 다양한 디자인의 천연석 재료들의 덕도 무시할 수 없지만 간단한 기법으로 고급스러운 디자인을 스스로 만들 수 있도록 재료 배합에도 많은 노력을 하였습니다. 또한 와이어 코일링, 매듭 등 다양한 기법을 소개하여 비즈공예를 폭넓게 활용할 수 있도록 많은 샘플들을 담았습니다.

이런 다양하고 아름다운 디자인이 나오기까지는 많은 전문가들의 도움이 있었습니다. 핸드메이드협회의 모든 지부장님들과 원고 작업에 도움을 주신 이정숙 강사님, 엄혜란 선생님, 샘플 만들 때 함께 고민을 했던 이은경 선생님, 차승호 선생님, 차현정 실장님, 동영상 강좌 촬영 시 고생하신 이정숙 강사님 등 모두들 너무너무 고맙습니다. 그리고 제가 사회생활을 할 수 있게 저의 5살 큰애와 돌배기 갓난아기를 돌봐주면서 허리가 아프고 무릎이 아파도 아기를 업어주시며 전적으로 희생하신 저희 어머니, 고모님, 친정 어르신들께 큰 감사를 드립니다.

아기를 키우면서 일을 하고 책을 쓰는 것이 여성으로써는 쉽지 않았습니다. 어떤 때는 도망가고 싶은 마음도 들었지만 아기의 해맑은 미소를 보면 힘들었던 모든 것들이 싹 사라지고 열심히 해야겠다는 마음이 들더군요. 그것이 모성인가 봅니다. 뛰어난 능력을 갖고도 누군가 도와줄 사람이 없으면 일을 할 수 없는 수많은 엄마들을 주위분들이 많이 도와주세요. 무엇보다도 본인들도 여건이 힘들다고 포기하지 말기를 바랍니다.

밤낮으로 수고 많이 하신 터닝포인트의 팀장님과 이순옥 과장님 모든 식구들 정말 감사합니다.

― 차명연

Contents

Part 1

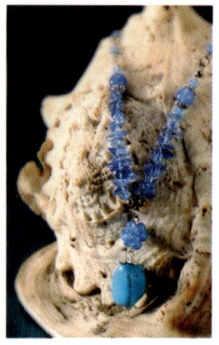

비즈 & 와이어공예의 기초

Part 2

아름다운 천연석으로 만드는 나의 첫작품

Part 3

원석! 그 매력에 빠지다

Part 4

천연석으로 빚어내는 다양한 액세서리

Part 5

Part 6

Part 7

Part 9

Part 8

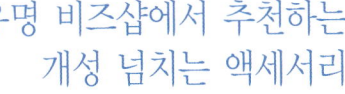

아름다운 천연석 비즈 액세서리 부록CD 이렇게 활용하세요!

부록 CD를 CD-ROM 드라이브에 넣으면 프로그램이 자동으로 실행되어 그림과 같은 창이 나타납니다. 만약, CD를 넣었을 때 프로그램이 자동으로 실행되지 않는다면 [내 컴퓨터]를 더블 클릭하여 연 후 [CD-ROM 드라이브] 아이콘을 더블 클릭하여 [beads]라고 쓰인 아이콘을 더블 클릭하면 프로그램이 실행됩니다.

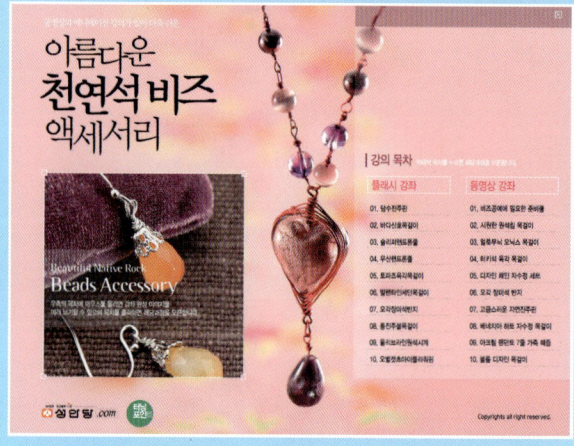

동영상 강좌

01. 비즈공예에 필요한 준비물 – 비즈공예에 필요한 준비물을 알아봅니다.(본문 14쪽 참고)

02. 시원한 원석칩 목걸이 – 시원한 원석칩 목걸이의 제작 과정을 통해 비즈공예의 기본기를 배웁니다.(본문 19쪽)

03. 얼룩무늬 오닉스 목걸이 – 얼룩무늬 오닉스 목걸이 제작 과정 동영상(본문 33쪽)

04. 터키석 육각 목걸이 – 터키석 육각 목걸이 제작 과정 동영상(본문 43쪽)

05. 디자인 체인 자수정 세트 – 디자인 체인 자수정 세트 제작 과정 동영상(본문 117쪽)

06. 오각 장미석 반지 – 오각 장미석 반지 제작 과정 동영상(본문 99쪽)

07. 고급스러운 자연 진주핀 – 고급스러운 자연 진주핀 제작 과정 동영상(본문 108쪽)

08. 베네치아 하트 자수정 목걸이 – 헤링본 기법을 이용한 베네치아 하트 자수정 목걸이 제작 동영상(본문 141쪽)

09. 아크릴 펜던트 7줄 가죽 매듭 – 가죽줄 기법을 이용한 아크릴 펜던트 7줄 가죽 매듭 제작 과정 동영상(본문 155쪽)

10. 볼륨 디자인 목걸이 – 볼륨 디자인 목걸이 제작 동영상(본문 131쪽)

플래시 애니메이션 강좌

01. 담수진주핀 – 플래시 애니메이션 강좌(본문 101쪽)
02. 바다산호목걸이(블루 럭셔리 목걸이) – 플래시 애니메이션 강좌(본문 46쪽)
03. 슬리퍼핸드폰줄 – 플래시 애니메이션 강좌(본문에 없는 추가 강좌)
04. 우산핸드폰줄 – 플래시 애니메이션 강좌(본문에 없는 추가 강좌)
05. 토파즈육각목걸이 – 플래시 애니메이션 강좌(본문에 없는 추가 강좌)
06. 발렌타인세단목걸이 – 플래시 애니메이션 강좌(본문에 없는 추가 강좌)
07. 오각장미석반지 – 플래시 애니메이션 강좌(본문 99쪽)
08. 롱진주볼목걸이 – 플래시 애니메이션 강좌(본문에 없는 추가 강좌)
09. 올리브라인원석시계 – 플래시 애니메이션 강좌(본문에 없는 추가 강좌)
10. 오벌캣츠아이플라워핀 – 플래시 애니메이션 강좌(본문 105쪽)

창 닫기
창 감추기
메인 메뉴로 이동

이곳을 클릭하면 전체 화면으로 영상을 볼 수 있어요

아름다운 천연석 비즈 액세서리의 부록으로 제공된 CD의 내용을 무단으로 복사하거나 인터넷에 올리는 행위는 저작권법에 위반되어 처벌받을 수 있습니다.

재료구매 안내

이 책에서 소개한 작품들의 재료들은 인터넷을 통해 구매할 수 있습니다. 독자 분들이 시장에 나가 일일이 구해야 하는 불편을 덜어드리기 위해 http://www.mimico.co.kr 홈페이지에서 패키지 재료를 판매합니다. 이곳에서 구하지 못하는 재료나 부가적인 재료는 동대문 종합시장 5층의 비즈전문 상가나 인터넷 쇼핑몰에서 구입할 수 있습니다.

비즈공예 관련 정보와 재료를 구할 수 있는 사이트
미미코 http://www.mimico.co.kr
비즈룩 http://www.beadslook.co.kr
비즈겔러리 http://www.beadsgallery.co.kr/shop/
셀프아트 http://www.selfart.co.kr
비즈메니아 http://www.beadsmania.co.kr/
소브몰 http://www.sov.co.kr/
비즈뱅크 http://www.beadsbank.com/
비즈본 http://www.beadsborn.com/

비즈공예를 배울 수 있는 곳
풀잎문화센터 http://www.pulib.com
한국핸드메이드협회 http://www.koreadiy.net/
한국구슬공예협회 http://www.koreabeads.co.kr/
한국수공예협회 http://www.handicraft.co.kr/

01

천연 자수정과 진주, 크리스탈의 네츄럴한 목걸이

03 디자인 체인 자수정 세트

자수정(amethyst)과 투명한 자주색 계통의 석영(quartz)은 가장 일반적인 유색 돌들 중의 하나입니다. 고대에는 해나 달의 궤도를 새겨 넣으면, 독약에 의한 죽음으로부터 보호된다고 믿었었답니다.
신비스러운 보라색 자수정과 진주의 영롱한 빛이 어우러진 목걸이는 보기보다는 착용하였을 때 화려하고 아름답습니다. 나들이 갈 때나, 특별한 날 착용하면 매우 잘 어울립니다.

❶ 섹션 제목 : 이번 섹션에서 배우는 비즈공예 작품의 이름과, 작품사진입니다.

❷ 동영상 플래시 강좌 : 이 책에는 19개 작품에 대한 플래시와 동영상 강좌가 제공됩니다. 플래시와 동영상 강좌가 담긴 섹션은 CD 마크로 표시되어 있어 부록 CD-ROM을 이용해 플래시와 동영상 강좌를 볼 수 있습니다.

❸ 재료 사진 : 작품을 만들기 위해 필요한 재료 사진입니다.

❹ 준비물 : 관련 섹션의 작품을 만드는데 필요한 준비물을 소개합니다.

❺ 예상 재료비 : 해당 제품을 만들기 위해 필요한 재료의 예상가격입니다. 관련 재료는 인터넷으로 구매할 수 있습니다. 이 가격 은 추정가이므로 시장의 상황에 따라 변경될 수 있습니다.

예상 제작 시간 : 저자가 테스트해본 작품을 만드는데 필요한 작업시간입니다.

완제품 예상 가격 : 내가 만든 작품이 얼마나 가치가 있는지 살펴볼 수 있습니다.

❻ 도안 : 해당 작품의 제작과정을 보여주는 도안입니다.

03

02 디자인 체인 자수정 목걸이 만들기

연결고리 만들기

01 연결고리를 먼저 만들어 놓으세요.

7개 5개 6개 6개

02 보라 각진 물방울 자수정은 아티스틱 와이어로 연결고리를 만듭니다.

9개

03 다음과 같이 오링을 준비해서 연결고리를 만들어 놓습니다.

크리스탈 진주   크리스탈 진주
크리스탈 4mm   반진주   반진주   6mm
아메지스트 AB 2x   4mm **06**

07 위로 자신의 줄로 매듭을 하면 오른쪽 줄과 왼쪽 줄을 늘렸다 했다하여 목걸이 줄의 길이를 마음대로 조절할 수 있습니다.

랍스터
오링

준비물 04
보라 각진 물방울 자수정 9개
크리스탈 6mm 탄자나이트 5개
크리스탈 4mm 아메지스트 AB 2x 6개
반진주 6mm 7개
크리스탈 진주 6mm 6개
디자인 체인 60cm **05**
오링 신주버니쉬 도금(0.6•3mm) 18개
티핀 신주버니쉬 도금(0.6•30mm) 34개
랍스터 신주버니쉬 도금 1개
늘이개 체인 신주버니쉬 도금 1개
비딜론 아티스틱 와이어 28G(0.32mm) 금색 1.5m

• 예상 제작 시간 : 2시간
• DIY 예상 가격 : 22,700원
• 완제품 예상 가격 : 36,000원
• 난이도 : ★★

목걸이 줄에 모티브 연결하기

01 디자인 체인 정 가운데의 체인 오링에 d의 오링을 벌려서 달아줍니다.
디자인 체인 정 가운데 오링을 중심으로 나머지 모티브를 달아줍니다.

02 목걸이 길이는 조절하여 체인 오링을 기준으로 잘라준 후 오링을 연결하고 뒷장식을 달아줍니다. 반대편도 똑같이 달아주면 예쁜 디자인체인 자수정 목걸이가 완성됩니다.

모티브 b
크리스탈 6mm
모티브 c
1칸
모티브 b
2칸
3칸
모티브 d

121

※ 도안 읽는 법
• ★ : 별표는 작업이 시작되는 시작점을 말합니다.
• 번호 : 숫자로 표시된 순서는 각 작품의 작업 진행순서입니다.
• 낚싯줄의 빨간색과 파란색은 교차할 때마다 오른쪽과 왼쪽이 바뀝니다.
• 만들 때 도안의 순서와 각 수(한 원 안에 들어있는 크리스탈의 수)를 확인하면서 만드세요. 전체적인 각 수와 반복되는 단의 수를 확인하면 더욱 쉽게 만들 수 있습니다.

❼ 비즈 비밀노트
  저자들이 작품들을 만들면서 경험한 그들만의 노하우를 소개합니다.

PART 1

비즈 & 와이어공예의 기초

비즈 & 와이어공예에 사용되는 재료들

론델

● 론델 : 얇은 원통 모양으로 중간에 구멍이 뚫려 있고 겉에는 스왈롭스키 큐빅이 박혀있는 비즈입니다.

베네치아 비즈

● 베네치아 비즈 : 보통의 램프 비즈는 홀 부분에 구멍을 내기 위한 파이프가 들어갑니다. 하지만 베네치아 비즈에는 이것이 없습니다. 게다가 사이즈가 큰 제품도 들어보면 놀랄 정도로 가볍습니다. 내부가 비어있기 때문입니다. 하지만 일반 유리 비즈에 비해 유리의 경도가 좋기 때문에, 유리 부분이 맑고, 단단합니다. 이것이 기술입니다. 하지만 떨어뜨려서는 곤란합니다. 강하다 해도 유리거든요.

금속 비즈 ●

흔히 알고 있는 엔틱 재료들을 말하며 여러 가지 부속이나 비즈 재료로 사용됩니다. 순은, 케스팅, 프레스 종류 등은 고급스러운 비즈 재료들과 궁합이 너무 잘 맞아 상당히 세련된 느낌을 줍니다.

금속 비즈

합성석 ●

합성(synthetic)은 모조석의 성질에 물리 화학적 성질까지 같게 만든 것이라고 할 수 있습니다. 어떤 인공석은 그와 동일한 물질이 천연에 없는 경우도 있는데 이를 인조석이라고 부릅니다. 천연에는 없지만 이것들이 갖고 있는 광학적인 성질 때문에 보석으로 이용되고 있습니다.

합성석

천연석

● 천연석

자연 그대로의 광석을 말하지만 액세서리용 천연석들은 모양을 정교하게 다시 가공한 것이 많습니다. 또한 때에 따라서는 색상도 열처리 등을 통해 가공하기도 합니다.

시드 비즈

● 시드 비즈

유리를 가공하여 미세한 작은 알갱이를 만들어 구멍을 낸 비즈로써 액세서리 패션 부자재로 널리 사용됩니다. 중국, 대만, 일본 등지에서 생산되는데 그중에서도 일본의 히로시마 시드 비즈가 가장 정교하고 빛깔과 염색의 질이 좋아 변색도 잘 되지 않습니다.

중국 램프 비즈 ●

가공법은 체코 램프와 같으나 정교함이 다소 떨어져 가격은 저렴합니다.

중국 램프 비즈

체코 램프 비즈 ●

램프 비즈(Lamp beads)는 사람이 손으로 하나하나 만든 비즈로 토치를 사용하여 유리를 녹여서 만든답니다. 세계적인 수준의 유리 공예국에서 만든 체코 램프 비즈는 투명도나 정밀도에서 최고의 품질을 자랑합니다.

체코 램프 비즈

크리스탈 진주

❁ **크리스탈 진주**
스왈롭스키의 독특한 가공법으로 크리스탈에 진주 가루를 가공하여 만든 명품 진주입니다.

핵진주

모조진주

❁ **핵진주**
조개껍질 등을 이용해서 사람이 인공적으로 만든 진주입니다.

❁ **모조 진주**
플라스틱 위에 코팅한 것으로 액세서리부터 일반 문방구에서 파는 것까지 여러 종류가 있는데요. 특히 핀, 소품 종류에 많이 사용됩니다

담수 진주 ❁
인공 저수지나 강물같은 민물에 사람이 직접 조개 안에 기스를 내거나 핵을 집어넣어 양식한 진주가 담수 진주랍니다. 담수 진주는 해수 진주보다 진주가 만들어지는게 빠른 대신 진주의 모양이 짱구가 많지만 진주의 등급이 다양하고 악세사리 재료에 널리 사용됩니다. 값이 저렴하고 해수 진주와는 달리 여름에 땀을 흡수하는 장점이 있습니다.

담수 진주

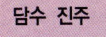

실비즈 ❁
가을에서 겨울에 많이 사용되는 비즈로 나무 비즈에 얇게 실을 감싸는 방법으로 다양한 색상과 표현방법이 많이 있고 나름대로 독특하고 개성이 있습니다.

실비즈

비즈발 비즈

❁ **비즈발 비즈**
아크릴로 가공된 투명 비즈로써 모양이나 색상이 매우 다양해 비즈발과 같은 인테리어 소품에 널리 사용됩니다.

아크릴 비즈

❁ **아크릴 비즈**
아크릴로 가공된 불투명 비즈로 색상, 품질 우수해지고 모양이나 색상도 매우 다양해져 지금은 많이 사용되고 있습니다.

우드 비즈 ❁
천연 나무를 가공하여 염색을 입히거나 천연색을 사용한 다양한 디자인이 많이 나오고 있습니다. 가격도 저렴하고 가볍습니다.

우드 비즈

자개 비즈 ❁
조개껍질을 가공하여 만듭니다. 천연 조개를 가공한 것과 염색한 것으로 나눠지는데 천연색일수록 가격이 비싸고, 민물 조개나 염색된 자개들은 조금 저렴합니다.

자개 비즈

비즈 & 와이어공예에 사용되는 기본 도구

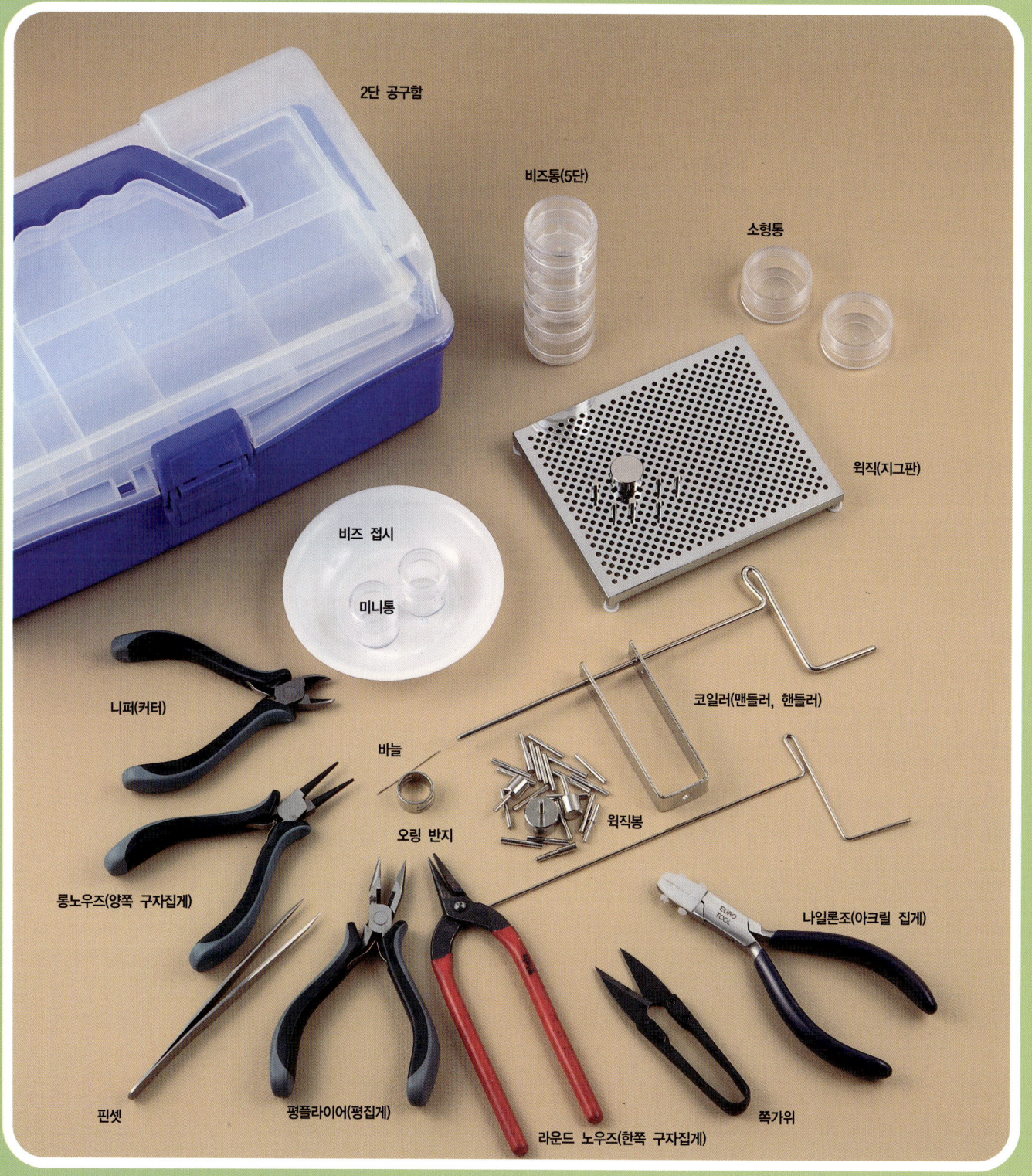

2단 공구함

비즈통(5단)

소형통

윅직(지그판)

비즈 접시

미니통

코일러(맨들러, 핸들러)

니퍼(커터)

바늘

오링 반지

윅직봉

롱노우즈(양쪽 구자집게)

나일론조(아크릴 집게)

핀셋

평플라이어(평집게)

라운드 노우즈(한쪽 구자집게)

쪽가위

컬러 와이어

아티스틱 와이어

낚싯줄

소프트 플랙스(피아노줄)

늘이게 체인

SR 장식

시계 장식

개고리(랍스터)

자석장식

배꼽장식

고정볼
(크림프 비드)

오링

티핀

구핀

주름캡

가죽줄링

벌집판

샤워 구멍판

핀대

엔틱부재료(금속비즈)

엔틱 부재료(금속 비즈)

일반 도금

버니쉬 도금

OR 도금

순은

• 일반 도금 : 일반적으로 가장 많이 쓰는 도금으로 니켈 도금, 흑니켈 도금, 금 도금, 은 도금이 있습니다. 니켈 도금, 흑니켈 도금은 변색이 별로 없어 오래가지만 금 도금, 은 도금은 변색이 쉽습니다.

• 버니쉬 도금 : 신주 버니쉬 도금이란 흔히 말하는 엔틱 도금을 뜻하며, 전기 도금법으로 도금한 후 화학 약품으로 표면을 검게 태우는 방법을 여러 번 거쳐서 마치 낡은 듯한 연한 쑥색을 내는 도금법입니다. 이 도금 또한 변색이 잘 안되며 알레르기가 극히 적은 편입니다. 버니쉬 도금으로는 붉은색을 띠는 동버니쉬, 쑥색을 띠는 신주버니쉬, 은색을 태운 은버니쉬, 금색나는 골드버니쉬 등이 있습니다.

• OR(Original Rhodium) : OR 도금이란 흔히 말하는 백금 도금의 일종입니다. 변색이 잘 안되며 알레르기가 극히 적은 편입니다.

• 순은 : 순은 92.5%이며 여러 가지 도금 처리된 제품들이 많이 있습니다.

크리스탈 색상표

라이트 피치
라이트 로즈
초크화이트 AB 2X
라이트 사이암
인디안 레드
시암
선
라이트 로즈 AB
화이트 알라바스타
파파라차
로즈
루비
히야신스
로즈 AB
크리스탈 AB
라이트 아즈르
페리도트 AB
크리솔라이트
에리나이트
탄자나이트
푸시아
시트린
라임
존퀼
존퀼 AB
페리도트 AB 2X
페리도트
카프리 블루
바이올렛
라이트 아메지스트
라이트 에메랄드
라일락
블루 지르콘 AB 2X
아메지스트
터콰이즈
블랙 다이아몬드 AB
아쿠아마린
블루 지르콘
다크 사파이어
인디콜라이트
올리바인
몬타나
라이트 아즈르 AB
라이트 사파이어
사파이어
아쿠아마린 AB
터콰이즈 AB 2X
토파즈
젯 AB 2X
몬타나 사틴
아쿠아마린 사틴
크리스탈 도라도
스모키 토파즈
헤마타이트(체코산)
크리스탈
블랙 다이아몬드
라이트 콜로라도 토파즈
크리스탈(HELIOTROPE)
젯
쉐도우 크리스탈
모리온
라이트 소모키 토파즈

■ 가공 방법에 따른 크리스탈의 분류 방법
· AB(Aurora Borealis) : 오로라 빛이 나도록 비즈 표면을 1/2 정도 코팅한 크리스탈
· SA(SATIN) : 공단처럼 매끄럽게 윤이 나도록 표면의 1/2을 은색으로 입힌 크리스탈
· 2X : 크리스탈의 표면을 다른 색상으로 마감한 크리스탈
· AB 2X : 크리스탈의 표면을 1/2 정도를 코팅한 AB와 달리 크리스탈 전체를 AB로 마감한 크리스탈

인디코라이트 사틴
카프리 블루 사틴
화이트 오팔
푸시아 AB 2X
탄자나이트 사틴
젯 AB
푸시아 사틴
존퀼 사틴
인니안 사빠이어
사이암 사틴
LT 피치 사틴
젯 헤마타이트
크리스탈 사틴
스모키 쿼츠
라이트 사파이어 사틴
가넷
로즈 AB 2X
크리스탈 도라도 2X
에메랄드
토파즈 AB
라이트 로즈 사틴
초크하이트
라이트 아메지스트 AB
그린 트루마린
미디움 에메랄드
라이트 아메지스트 사틴
트루마린
토파즈 AB 2X
화이트 오팔 스타 샤인
토파즈 사틴
버건디
푸시아 AB
로잘린
LT 스모키 토파즈 AB
스모키 토파즈 AB
아메지스트 AB
아메지스트 AB 2X
젯 nut
가넷 AB 2X
에메랄드 AB
존퀼 AB2X
로즈 사틴
라이트 아조르 사틴
비건디 사틴
바이올렛 오팔
라이트 올리바인
라이트 사이암(AB2X)
사파이어 샤틴
크리스탈 AB 2X
제트 헤마타이트 2X
로즈 알라바스터
터키석(AB)
카키
라이트 사이암 AB
라이트 토파즈(AB)
메탈릭 블루
레드 토파즈
알렉산드 라이트
올리바인 AB
아메지스트 사틴
라이트 사이암 사틴
화이트 오팔 AB

원석칩 목걸이로 배우는 비즈공예의 기초

시원한 원석칩 목걸이

손수 유리를 녹여 만든 수제용 램프 비즈와 크리스탈 플라워를 잘
매치하여 만든 아름다운 목걸이입니다. 투명 황옥과 캣츠아이 화이트
원석을 사용하여 온화한 느낌을 주는 스타일입니다.

 ## 시원한 원석칩 목걸이 만들기

교차와 통과(12구 만들기)

01 낚싯줄 30cm를 잘라 블루 오닉스 4mm 4개를 끼우고 마지막에 끼운 원석에 그림처럼 끼웁니다. 이처럼 하나의 구슬에 양쪽 줄을 엇갈려 끼우는 것이 교차입니다.

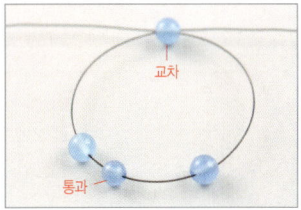

02 양쪽 줄에 블루 오닉스 4mm를 하나씩 각각 끼우고, 왼쪽 줄에 블루 오닉스 1개를 끼운 후, 다시 오른쪽 줄로 교차합니다.

준비물

고인돌 터키석 1개
블루 오닉스 4mm 36개
블루 오닉스 8mm 2개
원석칩 블루 50개
비즈캡 백금 도금 6mm 4개
구핀 백금 도금(0.6＊30mm) 23개
오링 백금 도금 25개, 비드팁 백금 도금 4개
고정볼 4개, 와이어 20cm
늘이게 체인 백금 도금 2개
랍스터 백금 도금 2개
아티스틱 와이어 0.6mm 20cm
낚싯줄(3호) 30cm

• 예상 제작 시간 : 1시간 30분
• DIY 예상 가격 : 17,000원
• 완제품 예상 가격 : 27,000원
• 난이도 : ★★

03 블루 오닉스 4mm를 양쪽 줄에 각각 끼우고, 왼쪽 줄에 하나 더 끼운 다음 오른쪽 줄로 다시 교차합니다.

04 양쪽 줄에 블루 오닉스 4mm를 각각 끼우고 양쪽 줄을 그림처럼 맨아래의 블루 오닉스 4mm에 교차합니다. 1~4번까지는 교차 방법을 배우는 과정입니다. 이 상태에서 그대로 줄을 당기면 예쁜 볼 모양이 됩니다.

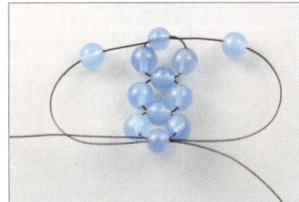

05 왼쪽 줄은 왼쪽에 있는 블루 오닉스 4개를 다시 엮어줘야 합니다. 번호 순서대로 이미 끼워져 있는 비즈들의 구멍을 통과하여 엮어줍니다. 1→2→3→4→1의 순으로 통과합니다.

06 오른쪽 줄도 똑같은 방법으로 오른쪽에 있는 블루 오닉스 4개를 다시 엮어줘야 합니다. 이미 끼워져 있는 비즈들의 구멍을 통과하여 엮어줍니다.

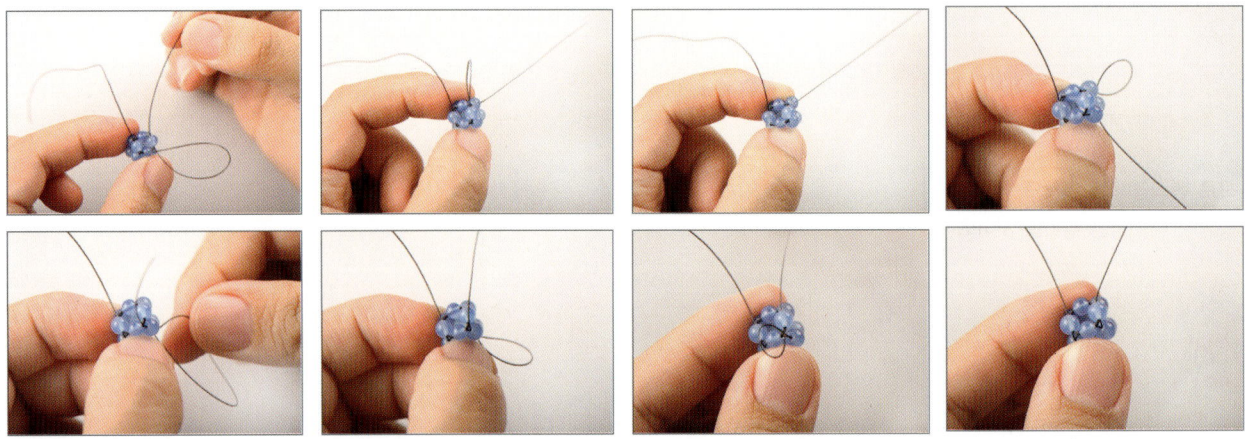

07 사진처럼 낚싯줄이 나란히 같은 방향으로 나오면 됩니다. 하지만 반대로 나오는 경우도 있는데, 그런 경우는 한쪽은 시계 방향으로 돌리고 다른 쪽은 시계 반대 방향으로 돌려서 그런 것입니다. 상관은 없지만 두 줄을 만나게 하기 위해서는 여러 번 더 돌려야 되는 번거로움이 있습니다. 화살표 방향대로 왼쪽 낚싯줄을 통과합니다.

08 두 줄이 만나면 낚싯줄 두 줄을 자연스럽게 두 번 묶어서 줄이 풀리지 않게 합니다.

실 마무리(줄 자르기)

01 줄을 정리할 때는 묶은 위치에서 바로 자르지 말고 옆에 끼워져 있는 비즈들을 지그재그로 4~5회 정도 통과한 후 자릅니다. 묶은 위치에서 바로 자르면 낚싯줄 끝이 튀어나오므로 예뻐보이지 않습니다. 반드시 비즈를 여러 번 통과한 후 자르세요. 이렇게 하면 낚싯줄 끝이 비즈 속으로 살짝 들어가서 잘린 면이 노출이 되지 않습니다. 양쪽 줄 모두 이러한 방법으로 줄을 정리하면 됩니다.

티핀, 구핀으로 연결고리 만들기

01 구핀을 그림처럼 삼각형 모양 낚싯줄 사이로 끼워 수직으로 통과합니다. 위쪽도 삼각형 모양이 이루어진 낚싯줄 사이로 집어넣습니다.

02 평집게로 핀을 잡고 45도 정도 구부립니다. 0.7cm 정도 남기고 자릅니다.

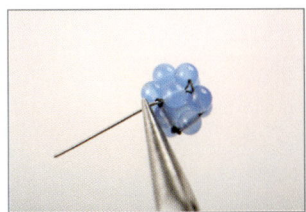 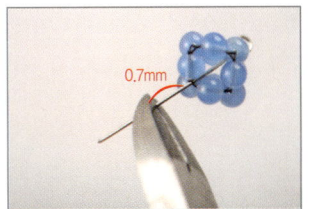 

03 구자말이집게로 예쁘게 말아주고 평집게로 다시 틈이 벌어지지 않게 눌러서 다듬어줍니다.

21

비드팁과 고정볼 연결하기

01 와이어 10cm에 비드팁을 끼우고 고정볼을 끼워서 와이어를 한 바퀴 돌립니다.

 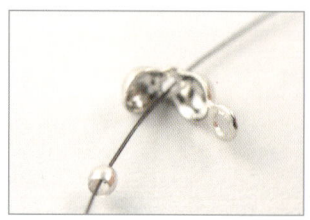 

02 평집게로 고정볼을 납작하게 누른 후 본드 칠을 살짝하고 비드팁을 닫습니다. 튀어나온 불필요한 줄은 잘라줍니다.

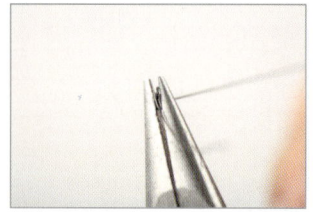 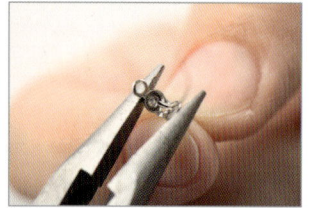  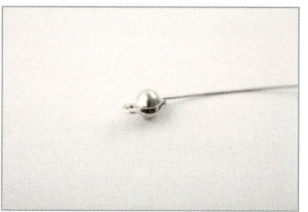

오링 연결하기

01 평집게로 오링을 잡고 오링 반지 틈에 끼워 반지를 끼운 손을 살짝 틀어주면 오링이 벌어집니다.

02 오링에 준비된 12구 볼과 와이어의 고정된 비드팁을 끼웁니다. 오링 반지에 끼워서 반지를 끼운 손을 반대로 살짝 틀어주면 오링이 닫힙니다. 틈이 벌어져서 빠지는 일이 없도록 꽉 닫아줍니다.

03 와이어에 그림과 같이 원석칩(50개 정도) → 블루 오닉스 4mm → 비즈캡 → 블루 오닉스 8mm → 비즈캡 → 블루 오닉스 4mm → 비드팁을 순서대로 끼우고 고정볼을 끼워서 비드팁 마무리를 합니다.

04 하나 더 만든 다음 그림처럼 오링을 다시 벌려서 끼운 후 닫아줍니다.

줄 만들기

01 블루 오닉스 4mm 구핀 연결고리를 20개 만듭니다. 왼쪽 줄부터 비드팁 고리에 오링과 블루 오닉스 4mm 구핀 연결고리를 번갈아 연결합니다. 이렇게 10번을 반복하고, 오른쪽 줄도 똑같이 만들어줍니다.

오링으로 뒷장식 연결하기

01 한쪽에 오링을 벌려 블루 오닉스 4mm 구핀연결고리와 늘이게 체인을 연결합니다. 반대쪽에는 오링을 벌려 랍스터 장식과 연결합니다.

02 시원한 12구 원석칩 목걸이가 완성되었습니다. 예쁘게 착용하해 보세요.

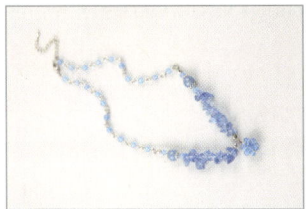 

아티스틱 와이어를 이용하여 펜던트 달기

원석 구멍이 수직으로 뚫려 있는 경우

01 비달론 아티스틱 와이어 26G(0.6mm)를 15cm 준비합니다. 7cm 지점에서 구자말이집게(양쪽이 둥근 집게)로 잡아서 짧은 아티스틱 와이어를 두 번 정도 감아줍니다.

02 니퍼로 자른 후 평집게로 자른 면을 튀어나오지 않게 다듬은 다음 터키석 고인돌을 끼웁니다.

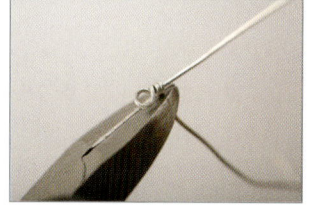

03 윗부분이 되는 반대쪽에는 그림처럼 2.5cm 정도 띄우고(와이어 목이라 칭함) 구자집게로 잡은 후 남은 아티스틱 와이어로 3~4번 감아줍니다.

04 와이어 목 부분을 다 감은 후 사진처럼 원석 위에 장식이 되도록 3번 정도 더 감은 후 1.5cm 남기고 자릅니다.

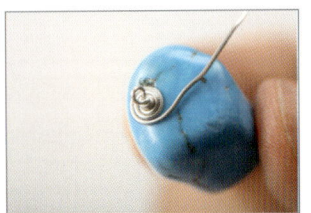 

05 자른 끝 부분을 구자집게로 잡고 예쁘게 아티스틱 와이어를 말아줍니다. 블루 오닉스 12구 볼의 연결고리에 달아주면 더욱 멋있는 터키석 고인돌 목걸이가 완성됩니다.

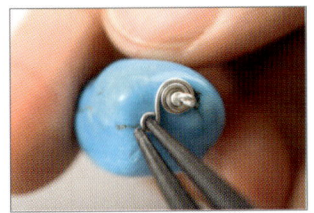   

원석 구멍이 수평으로 뚫려 있는 경우

01 아티스틱 와이어 15cm를 원석에 끼웁니다. 원석의 윗부분으로부터 2.5cm(와이어 목) 떨어진 지점에서 45도 꺾습니다.

02 꺾은 위치에서 구자말이 집게의 둥근면을 대고 동그랗게 대고 동그랗게 만든 후 2.5cm 와이어 목을 남기고 자릅니다. 왼쪽 와이어 줄로 원석 위부터 3~5번 정도 감아 올라간 후 자릅니다.

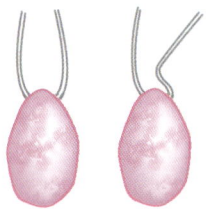 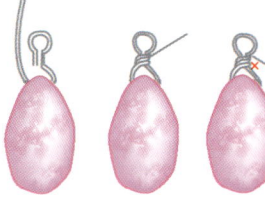

PART 2

아름다운 천연석으로
만드는 나의 첫작품

가죽 줄로 만드는 세련된 느낌의

01 | 아크릴 펜던트 목걸이

아크릴 재료에 염료를 혼합하여 만든 아크릴 펜던트는
색상이나 빛깔이 상당히 우수한 고급스러운 느낌의
액세서리 재료입니다.

아크릴 펜던트 목걸이 만들기

이 작품은 가죽 줄을 이용하여 정말 짧은 시간에 매우 간단한 방법으로 만들 수 있는 액세서리입니다. 세련된 느낌의 컬러로, 예쁜 나시나 니트 등에 연출할 수 있습니다.

가죽 줄에 아크릴 펜던트 연결하기

01 가죽 줄 블랙 1mm를 1m씩 두 줄 준비하세요. 아크릴링에 두 줄을 걸어줍니다. 오른쪽 두 줄을 왼쪽 두 줄 위로 올려놓고 아래로 한 바퀴 돌린 후 오른쪽 줄로 묶습니다.

아크릴 링

02 왼쪽부터 두 줄을 모아 아크릴 하트 또는 마름모를 끼우고 2cm 띄운 지점에서 자연스럽게 묶습니다.

03 이제 줄을 갈라서 한 줄에 아크릴 원통을 끼우고 2cm 띄운 지점에서 두 줄을 모아 자연스럽게 묶습니다. 이번에도 줄을 갈라서 한 줄에 아크릴 비즈를 끼우고 2cm 띄운 지점에서 두 줄을 모아 자연스럽게 묶어줍니다. 그런 다음 오른쪽 줄도 똑같이 만듭니다.

줄 마무리하기

04 남은 줄로 이제 매듭을 만듭시다. 먼저 오른쪽 두 줄을 모아 왼쪽 두 줄을 한 번 감은 후 오른쪽 줄로 묶습니다.

05 왼쪽 줄도 두 줄을 모아서 오른쪽 두 줄을 한 번 감은 후 자신의 줄(왼쪽 줄)로 묶습니다.

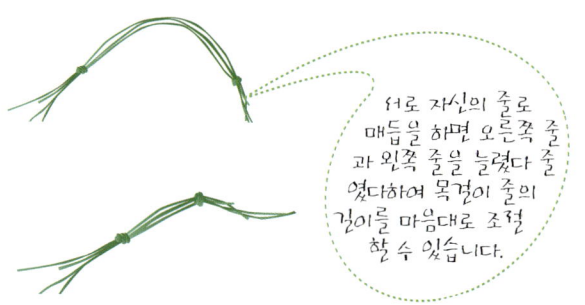

서로 자신의 줄로 매듭을 하면 오른쪽 줄과 왼쪽 줄을 늘렸다 줄였다하여 목걸이 줄의 길이를 마음대로 조절할 수 있습니다.

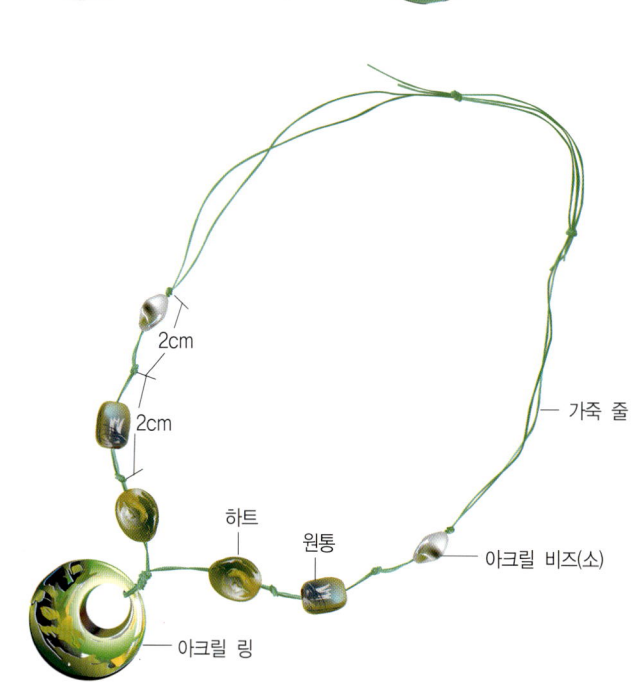

2cm

2cm

하트

원통

가죽 줄

아크릴 비즈(소)

아크릴 링

02 물방울 로즈 마이카 목걸이

사랑이 시작될 것만 같은

핑크빗 마이카 원석과 수제 램프 비즈로 만드는 화사한 목걸이로, 은은한 느낌이 여성스러움을 한층
돋보이게 하는 스타일입니다. 구핀 연결과 와이어 코일링 두 가지 방법만 알면 만들 수 있는 작품입니다.
원석 펜던트는 무게가 있기 때문에 핀보다는 아티스틱 와이어로 연결고리를 만들어야 튼튼할 뿐만 아니라
고급스럽게 느껴집니다.

물방울 로즈 마이카 목걸이 만들기

준비물

컷팅 물방울 마이카 1개
체코 램프 원형 10mm 핑크 1개
체코 램프 원형 8mm 핑크 2개
마산옥 레드 커피 6mm 9개
마산옥 핑크 6mm 18개
타원 자개 8*12mm 10개
비달론 아티스틱 와이어 20G(0.8mm) 15cm
구핀 백금 도금(0.6*30mm) 40개
오링(0.8*3mm) 2개
은버니 티파니 2 1쌍

• 예상 제작 시간 : 2시간
• DIY 예상 가격 : 17,800원
• 완제품 예상 가격 : 38,000원
• 난이도 : ★★

01 아티스틱 와이어 20G(0.8mm) 15cm를 원석에 끼워서 코일링하여 펜던트를 만듭니다.(Part 1의 아티스틱 와이어를 이용하여 펜던트 달기를 참조하세요.)

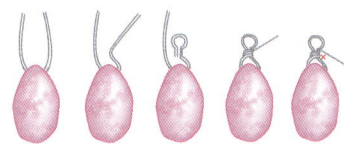

02 도안과 같이 구핀 연결고리를 만듭니다.

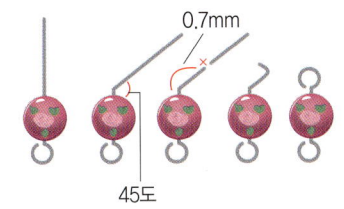

0.7mm

45도

03 원석 구핀 연결고리를 아래와 같은 개수만큼 만들어 놓습니다.

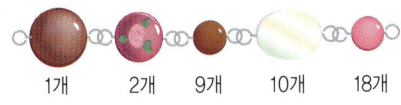

1개   2개   9개   10개   18개

04 도안과 같은 순서로 구핀 연결고리들을 모두 연결합니다.

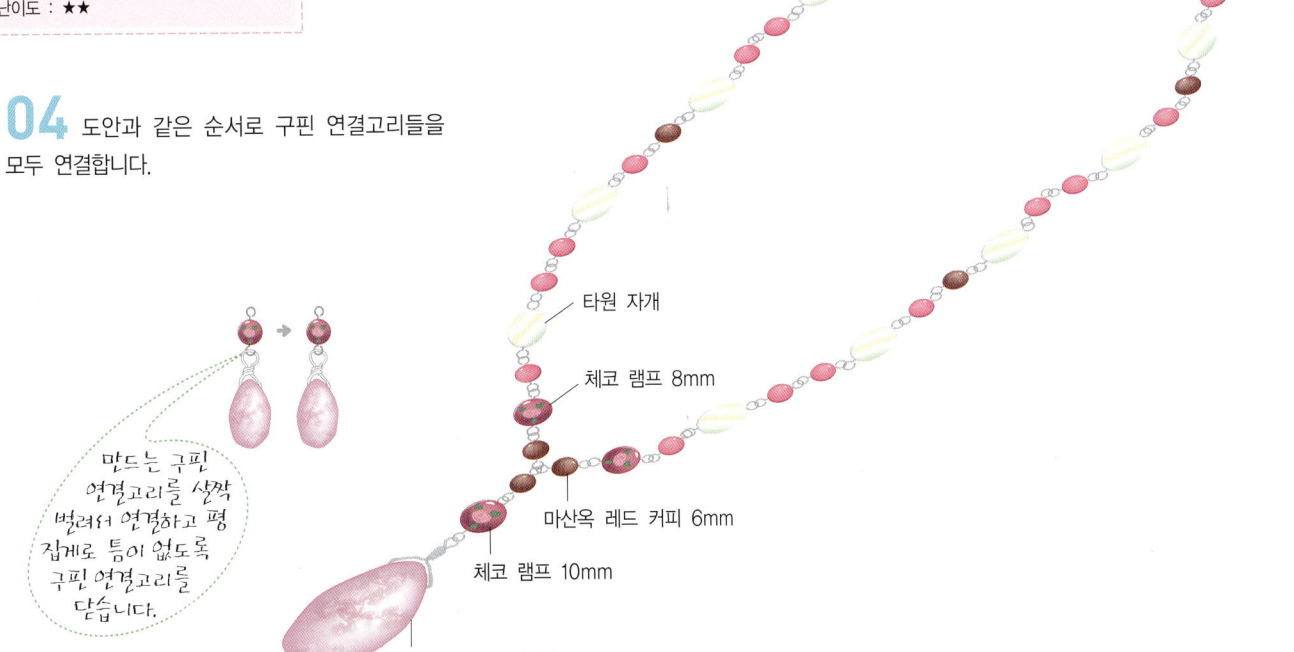

만드는 구핀 연결고리를 살짝 벌려서 연결하고 평 집게로 틈이 없도록 구핀 연결고리를 닫습니다.

티파니 장식 ── 오링

타원 자개

체코 램프 8mm

마산옥 레드 커피 6mm

체코 램프 10mm

물방울 로즈 마이카

31

03

독특한 디자인의 초커 스타일

얼룩무늬 오닉스 목걸이

오닉스란 그리스의 onux란 말에서 유래된 것으로, 큐피트의 화살에 잠자고 있던 미의 여신
비너스의 손톱이 잘려 모래 속에 파묻혀 있다가 돌로 바뀐 것을 onux라고 했던 말에서 유래되어
오닉스라고 불리우게 되었습니다.

준비물

얼룩무늬 오닉스 34mm 1개
세라믹 오벌 블랙 12*17mm 2개
수정각 물방울 흑 5*8mm 6개
오닉스 6mm 12개
크리스탈 축구볼 몬타나 8mm 6개
크리스탈 축구볼 모리온 8mm 6개
진주캡 신주버니쉬 플라워 2개
비즈캡 신주버니쉬 00003 2개
비즈캡 신주버니쉬 00004 4개
구핀 신주버니쉬 0.6*30mm 34개
티핀 신주버니쉬 0.6*30mm 2개
오링 신주버니쉬 0.6*3mm 2개
늘이게 체인 1개
랍스터 1개

- 예상 제작 시간 : 1시간 30분
- DIY 예상 가격 : 18,700원
- 완제품 예상 가격 : 39,000원
- 난이도 : ★★

🌸 얼룩무늬 오닉스 목걸이 만들기

이 작품은 오닉스의 블랙과 짙은 바다색의 크리스탈 몬타나가 디자인입니다. 스왈롭스키 크리스탈과 엔티크한 신주버니쉬 도금이 독특하면서 럭셔리해 보입니다.

펜던트 만들기

01 얼룩무늬 오닉스의 안쪽에서 바깥쪽으로 티핀을 끼웁니다. 진주캡 신주버니쉬 플라워와 비즈캡 신주버니쉬 00003을 순서대로 끼웁니다. 플라워는 오목한 형태이므로 원래 원형 비즈를 끼우는 용도로 사용되지만, 여기서는 손으로 눌러서 얼룩무늬 오닉스에 밀착시켜 모양이 펼쳐지게 합니다.

진주캡

비즈캡

02 이제 티핀을 45도 꺾어 고리를 만듭니다. 티핀을 꺾을 때 비즈캡들이 되도록이면 덜 움직이도록 핀을 바싹 당겨서 꺾습니다. 그리고 고리도 조금 크게 만듭니다. 왜냐하면 비즈캡 구멍이 크기 때문에 고리가 작으면 비즈캡 구멍으로 약간 들어가게 되어 끼워놓은 비즈캡들이 움직이므로 디자인이 예쁘지 않습니다.

손으로 진주캡 플라워를 원석에 밀착시키듯 누릅니다.

목걸이 완성하기

03 도안과 같이 구핀 연결고리 32개를 만들어 놓습니다.

6개 6개 6개 12개

비즈캡 신주버니쉬 00004

2개

04 이제 구핀을 연결하여 목걸이 줄을 만듭니다. 우선 펜던트에 세라믹 오벌 블랙의 구핀 연결고리를 살짝 벌려 연결합니다. 모두 30개를 연결합니다. 22쪽을 참고하여 오링과 뒷장식을 달아서 작품을 완성합니다.

랍스터
오링
늘이게 체인

몬타나 8mm
오닉스 6mm
모리온 8mm
수정각 물방울
세라믹 오벌 블랙

04 드래곤석 목걸이

특이한 드래곤석으로 이목을 끄는

드래곤석은 용의 비늘 형상을 닮았다고 하여 붙여진 이름입니다. 자연스러우면서도
신비한 무늬로 많은 사랑을 받고 있는 원석입니다.
색이 선명하고 무늬가 정교할수록 품질이 좋습니다. 개중에는 마치 그린 듯한
무늬의 유니크함 때문에 보석 이상의 가치가 있는 것도 있습니다.

준비물

드래곤 카로아 35~45mm 1개
마산옥 레드 커피 12mm 2개
마산옥 레드 커피 8mm 2개
마산옥 레드 커피 6mm 2개
장미 모양 원석 마노옥 2개
인화석 8mm 4개
인화석 6mm 11개
캣츠아이 연두 8mm 4개
캣츠아이 연두 6mm 10개
비달론 아티스틱 와이어 실버 20G(0.
　8mm) 15cm
비달론 아티스틱 와이어 실버 28G(0.
　32mm) 30cm
구핀 백금 도금 0.6*30mm 40개
오링 0.8*3mm 2개
은버니 장미 티파니 1쌍
메탈 비즈 은버니 무늬 볼 6mm 6개

• 예상 제작 시간 : 2시간
• DIY 예상 가격 : 14,770원
• 완제품 예상 가격 : 32,000원
• 난이도 : ★★

드래곤석 목걸이 만들기

원석은 아티스틱 와이어로 연결고리를 만들며, 장미 모양 티파니 장식을 사용하여 펜던트 바로 위에 뒷장식 연결고리를 만들어 고급스러운 디자인을 연출합니다.

01 먼저 아티스틱 와이어 20G(0.8mm)로 고리를 만듭니다.

02 아티스틱 와이어로 장미 모양 원석 마산옥에 위아래 연결고리를 만듭니다. 아티스틱 와이어 28G (0.32mm) 15cm를 잘라서 와이어 연결고리를 만드세요. 이렇게 2개를 만들어 놓습니다.

2개

03 원석 구핀 연결고리를 도안과 같이 만들어 놓습니다.

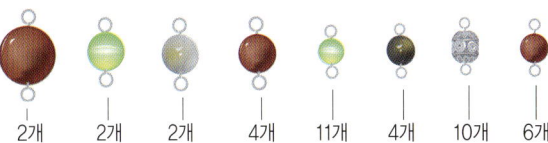

2개　2개　2개　4개　11개　4개　10개　6개

04 앞쪽에 뒷장식이 연결되는 목걸이 줄이므로 오른쪽, 왼쪽 구분 없이 긴 줄로 이으면 됩니다. 긴 줄의 양 끝에 뒷장식이 연결됩니다.

05 오링으로 티파니와 와이어 연결고리를 연결해줍니다. 오링을 살짝 벌려 캣츠아이 6mm 연두색 구핀 연결고리와 연결합니다.

레드 커피 6mm
레드 커피 8mm
메탈 비즈 무늬 볼
캣츠아이 8mm
인화석 8mm
장미 모양 마산옥
마산옥 레드 커피 12mm
캣츠아이 6mm
장미 티파니 장식
오링
오링

06 반대쪽도 도안처럼 오링을 살짝 벌려 캣츠아이 6mm 연두색 구핀 연결고리와 연결하면 완성입니다.

네츄럴한 엔틱 분위기의

05 마이카 금빛 수정석 목걸이

아래로 늘어뜨린 원석 연결고리의 이미지가 포인트
가 되어 네츄럴한 엔틱 분위기를 자아냅니다. 어떤
의상에도 잘 어울리지만 그린이나 브라운 계통에
맞추어서 착용해보세요.

마이카 금빛 수정석 목걸이 만들기

은은하게 반짝이는 금빛 수정석과 크리스탈의 빛이 햇빛 아래서 더욱 반짝이면서 매력적인 분위기를 만듭니다. 수정석으로 귀고리도 함께 만들어 착용하면 더욱 더 돋보이는 나를 표현할 수 있습니다.

준비물

원석 도넛 마이카 1개
원석 오벌 마이카(금빛 수정석) 5개
크리스탈 축구볼 8mm 크리스탈 4개
크리스탈 축구볼 8mm Lt 로즈 2개
크리스탈 축구볼 6mm 크리스탈 2개
크리스탈 축구볼 6mm Lt 로즈 2개
마산옥 레드 커피 8mm 7개
마산옥 레드 커피 6mm 6개
마산옥 레드 커피 4mm 3개
가넷칩 50개
구핀 백금 도금 0.6*30mm 64개
볼티핀 1개
오링 0.8*30mm 2개
뒷장식 1개
아티스틱 와이어 실버 22G(0.6mm) 15cm
체인 백금 도금 235sf 40cm

• 예상 제작 시간 : 2시간
• DIY 예상 가격 : 20,000원
• 완제품 예상 가격 : 42,000원
• 난이도 : ★★★

펜던트 만들기

01 도안처럼 아티스틱 와이어 실버 22G(0.6mm) 10cm로 고리를 만듭니다. 와이어 왼쪽 끝의 0.8cm 지점에서 평집게로 45도로 꺾은 후 0.8cm 끝 부분을 양쪽 구자집게로 잡고 동그랗게 돌립니다. 동그란 모양에 틈새가 없도록 평집게로 다듬어주면 고리가 완성됩니다.

02 와이어 고리를 마이카 원석 안쪽에서 바깥쪽으로 끼워줍니다. 원석과 맞닿은 아티스틱 와이어에서 0.3cm 띄운 지점에서 45도 평집게로 꺾어서 고리 모양을 만듭니다.

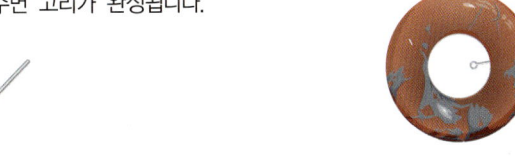

03 고리 모양을 만든 후 와이어 목 부분을 팽팽하게 4번 정도 감아줍니다. 감는 부분이 겹치지 않게 아티스틱 와이어 0.3cm 부분을 덮어줍니다. 0.25cm 부분을 다 감은 후 이번에는 3번 정도 원석 위에 예쁘게 감기도록 합니다. 남은 선은 잘라줍니다.

잘린 끝 부분은 뾰족하면 살이 긁히게 되므로 구자집게를 이용하여 동그랗고 예쁘게 말아주세요.

04 마이카 원석의 아래에 있는 구멍에도 핀을 끼워 고리를 만드는데 이번에는 티핀을 원석의 안쪽에서 바깥쪽으로 끼웁니다. 그리고 티핀을 45도 꺾은 후 구자말이집게로 고리를 만들어 놓습니다. 이제 마지막으로 도넛 모양의 마이카 원석의 중간에 원석을 달아줍니다. 드디어 펜던트가 완성되었습니다.

마산옥 레드 커피 8mm

펜던트에 체인달기

05 티핀 0.6＊30mm에 원석을 끼워 구자말이하여 준비합니다. 원석 티핀 연결고리가 모두 준비되었으면 백금 도금 체인의 끝 부분부터 달아줍니다.

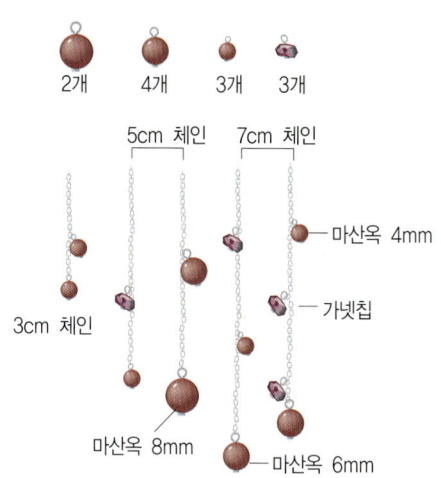

2개　4개　3개　3개

5cm 체인　7cm 체인

3cm 체인

마산옥 4mm

가넷칩

마산옥 8mm

마산옥 6mm

06 체인에 원석 달기가 끝나면 0.6＊3mm의 오링에 체인을 달아준 후 원석 펜던트의 티핀 연결고리에 달아줍니다.

목걸이 줄 만들기

07 원석에 구핀을 끼워서 구핀 연결고리를 다음과 같이 준비합니다.

5개　4개　2개　2개　2개

4개　2개　14개　16개

08 구핀을 이용하여 원석에 연결고리를 만듭니다. 펜던트에 금빛 수정석 구핀 연결고리 한 개를 연결한 후 가넷칩 2개를 끼운 구핀을 금빛 수정석 구핀 연결고리에 두 개 달아줍니다. 하나는 왼쪽 줄이고 하나는 오른쪽 줄을 만들거예요.

09 도안과 같은 순서대로 달아줍니다.

뒷장식

크리스탈 축구볼 6mm

가넷칩

크리스탈 축구볼 로즈 6mm

뒷장식

오링

마산옥 6mm

마산옥 8mm

크리스탈 축구볼 로즈 8mm

크리스탈 축구볼 8mm

금빛 오벌 수정석

뒷장식 연결하기

10 목걸이 줄까지 모두 완성이 되었으면 마지막으로 왼쪽의 가넷칩 연결고리에 오링을 달아줍니다. 오링을 살짝 벌려서 준비된 뒷장식에 달린 고리를 같이 연결합니다.

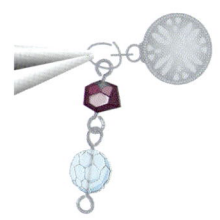

11 왼쪽도 똑같이 오링을 이용해 가넷칩 연결고리와 뒷장식에 달린 고리를 연결합니다. 뒷장식을 연결하면 목걸이가 모두 완성됩니다.

06 금빛 오벌 수정석 목걸이

자연스러운 아름다움이 돋보이는

금빛 오벌 수정석은 천연 수정 원석을 가공한 것으로 자세히 보면 원석의 입자들이 보입니다.
입자들 사이 겹쳐지는 부분에서 특이하게 금빛이 올라나 고급스러운 수정석입니다.

금빛 오벌 수정석 목걸이 만들기

목걸이는 구핀 연결고리와 엔틱 부재료를 연결만 하면 쉽게 만들 수 있습니다. 아래로 늘어뜨린 원석 연결고리는 네츄럴한 엔틱 분위기를 자아냅니다. 어떤 의상에도 잘 어울리지만 그린이나 브라운 계통에 맞추어서 착용해 보세요.

01 먼저 사용될 비즈에 티핀 구핀 연결고리를 만들어 놓습니다.

7개 7개 1개 5개 7개 12개

02 만들어 놓은 비즈의 연결고리를 다음과 같은 순서대로, 수직으로 연결하여 줍니다.

가넷 6mm

사금석 6mm
각진 호안석 8mm
홍동릉석 6mm

금빛 오벌 마이카

준비물
금빛 오벌 마이카 10*13mm 7개
각진 호안석 6mm 7개
가넷 6mm 7개
가넷 4mm 12개
각진 사금석 6mm 5개
홍동릉석 6mm 1개
네 잎 크로버 연결고리 11개
구핀 신주버니쉬 도금 0.6*30mm 32개
티핀 신주버니쉬 도금 0.6*30mm 7개
체인 신주버니쉬 도금 50cm
오링 신주버니쉬 도금 0.6*3mm 24개
랍스터 신주버니쉬 도금 1개
늘이게 체인 신주버니쉬 도금 1개

• 예상 제작 시간 : 2시간
• DIY 예상 가격 : 21,000원
• 완제품 예상 가격 : 45,000원
• 난이도 : ★★

03 먼저 체인을 8cm씩 잘라 4줄을 준비합니다. 두 줄씩 먼저 오링으로 끼워 고정한 후 도안과 같이 원석들을 연결합니다.

04 오링을 살짝 벌려서 비드팁의 고리를 끼우고, 랍스터를 답니다. 반대편도 오링을 살짝 벌려서 비드팁의 고리를 끼우고 늘이게 체인을 답니다.(오링 연결과 뒷장식 달기 방법은 23쪽 Part 1의 오링으로 뒷장식 연결하기를 참조하세요.)

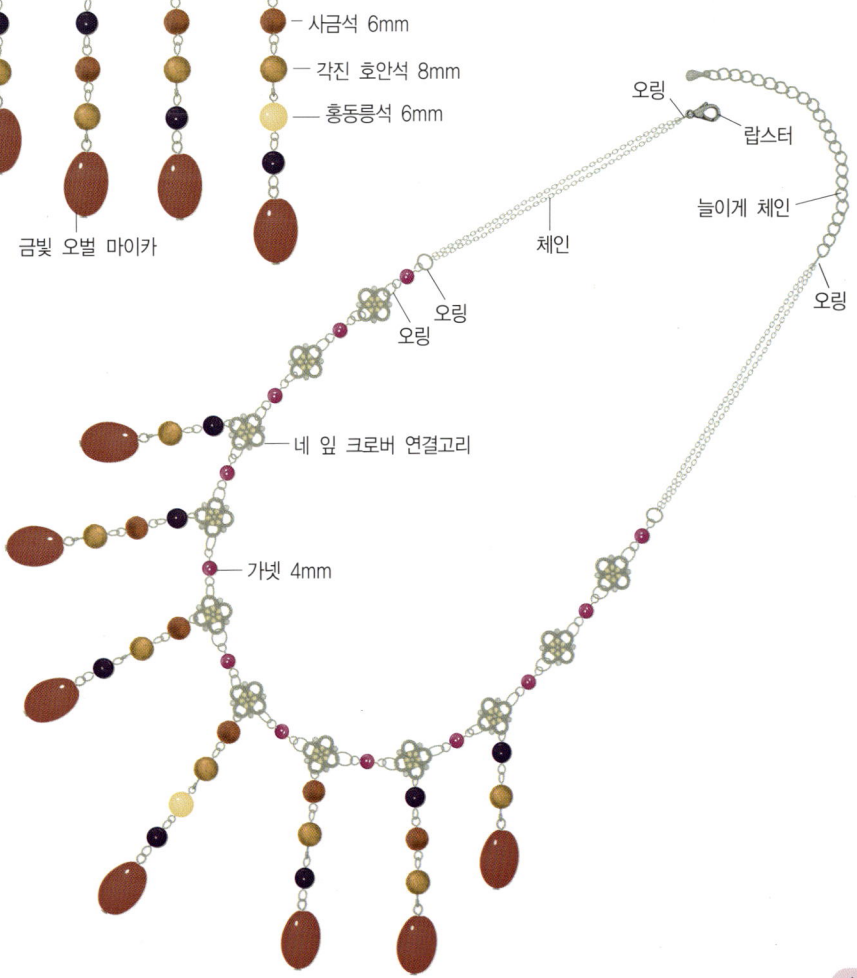

오링
랍스터
늘이게 체인
체인
오링
오링
오링
네 잎 크로버 연결고리
가넷 4mm

07 터키석 육각 목걸이

터키석 컬러와 물방울 모양의 펜던트가 예쁜

터키석은 함유된 철과 구리의 양에 따라서 하늘빛에서 녹색까지 다양한 색깔로 나타납니다. 처음으로 채굴된 보석 중 하나로 오랫동안 귀하게 여겨져 왔습니다. 이란의 하늘빛 터키석을 가장 좋은 것으로 여기고 있지만 티베트에서 나오는 짙은 녹색의 터키석도 선호합니다. 터키석은 터콰이즈라고도 하며, 은처럼 색을 변화시켜 소지자에게 위험과 질병을 경고하기도 합니다.

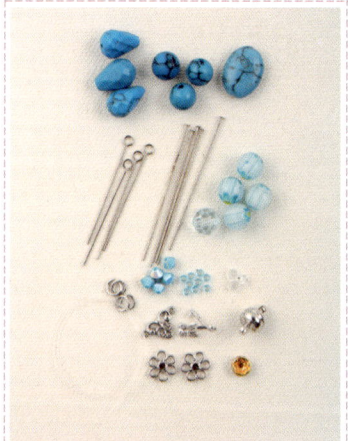

🌸 터키석 육각 목걸이 만들기

하늘빛의 터키석 목걸이는 스포티한 의상에서 럭셔리한 의상에까지 모두 잘 어울립니다. 여름에는 짧은 옷을 입고 피부에 그냥 착용하고, 겨울에는 니트류 위에 착용해도 멋스럽습니다. 펜던트를 만드는 방법이 조금 까다롭지만 재미있게 한번 만들어 봅시다.

준비물

터키석 물방울 가로 구멍 8*12 6개
터키석 오벌 납작(중) 10*14 3개
터키석 8mm 11개
크리스탈 축구볼 8mm Lt 아쭈르 11개
중국 램프 원형 민들레 하늘색 8개
론델 5mm 아쿠아 1개
터콰이즈 AB 2x 4mm 13개
시드 비즈 12개
크리스탈 3mm 4개
나비 모양 펜던트 고리 1개
3구 대칭 고리 1개
자석 뒷장식 1개
메탈 엔틱 6꽃잎 백금 도금 4개
티핀 백금 도금 0.6*30mm 1개
구핀 백금 도금 0.6*30mm 30개
오링 0.8*3mm 3개
낚싯줄(2호) 1m 20cm

• 예상 제작 시간 : 3시간
• DIY 예상 가격 : 22,500원
• 완제품 예상 가격 : 45,000원
• 난이도 : ★★★★

펜던트 만들기

01 낚싯줄 70cm에 시드 비즈 1개, 터콰이즈 AB 2x 4mm 1개, 터키석 물방울 1개, 터콰이즈 AB 2x 4mm 1개를 끼워서 오른쪽에 위치한 낚싯줄로 마지막에 끼운 터콰이즈 AB 2x 4mm에 교차합니다.

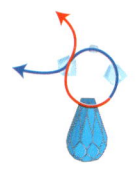

02 오른쪽 줄에는 시드 비즈 1개를 끼우고 왼쪽 줄에는 터키석 물방울 1개, 터콰이즈 AB 2x 4mm 1개를 끼워서 오른쪽 낚싯줄로 마지막에 끼운 터콰이즈 AB 2x에 교차합니다.(4번 반복합니다.)

03 오른쪽 줄은 시드 비즈 한 개를 끼운 후 이미 끼워져 있는 시드 비즈를 모두 한 바퀴 돌리고 맨 처음 끼웠던 크리스탈을 통과하고 터키석 물방울로 왼쪽 줄을 교차해주면 앞면이 완성됩니다.

[앞면]

04 오른쪽 줄에 4mm 크리스탈과 시드 비즈 1개, 4mm 크리스탈 1개를 끼우고 왼쪽 줄을 마지막에 끼운 터콰이즈 AB 2x 4mm 크리스탈에 교차합니다.
왼쪽 줄은 이미 끼워져 있는 터키석 물방울을 통과시키고 오른쪽 줄에는 시드 비즈 1개, 4mm 크리스탈을 1개 끼우고 왼쪽 줄로 교차합니다.(4번 반복합니다.)

06 터키석 물방울에 교차해서 나온 오른쪽 낚싯줄에 3mm 크리스탈을 끼우고 옆의 터키석 물방울을 통과시킵니다.(1번 더 반복합니다.)

07 도안처럼 낚싯줄을 돌린 후 반대편도 터키석 물방울을 통과하고 3mm 크리스탈을 끼우고 터키석 물방울을 통과시킵니다.(1번 더 반복합니다.)

08 오른쪽 줄은 도안처럼 낚싯줄을 돌린 후 왼쪽 줄과 만나게 하여 두 번 묶고 깨끗하게 마무리합니다. 낚싯줄이 잘 들어가지 않으면 뒷면을 돌린 후 두 줄을 만나게 합니다.

05 왼쪽 줄은 터키석 물방울을 통과시켜주고 오른쪽 줄은 새로운 시드 비즈 한 개를 끼운 후 이미 끼워져 있는 시드 비즈를 모두 한 바퀴 돌립니다. 그리고 맨 처음 끼웠던 크리스탈을 통과하여 터키석 물방울로 교차해주면 뒷면이 완성됩니다.

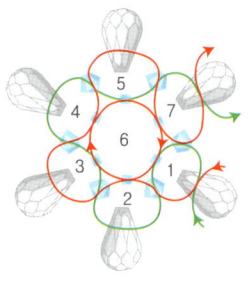

[뒷면]

크리스탈 3mm

[옆면]

목걸이 완성하기

09 만들어 놓은 펜던트에 도안과 같이 구핀을 끼워 연결고리를 만듭니다.

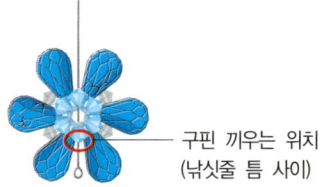

구핀 끼우는 위치
(낚싯줄 틈 사이)

10 도안과 같이 목걸이 줄에 필요한 원석을 구핀에 끼워 고리를 만들어서 준비해 둡니다. 먼저 펜던트의 3구 대칭 연결고리에 도안과 같이 구핀에 끼워 놓은 원석들을 달아줍니다.

1개   10개   10개   8개   1개

11 이제 순서대로 연결합니다. 먼저 펜던트를 연결하고, 3구 대칭 연결고리를 기준으로 총 17개의 준비된 연결고리를 달아줍니다. 반대편도 연결하고, 마지막으로 오링을 이용하여 뒷장식을 달아주면 목걸이가 완성됩니다.

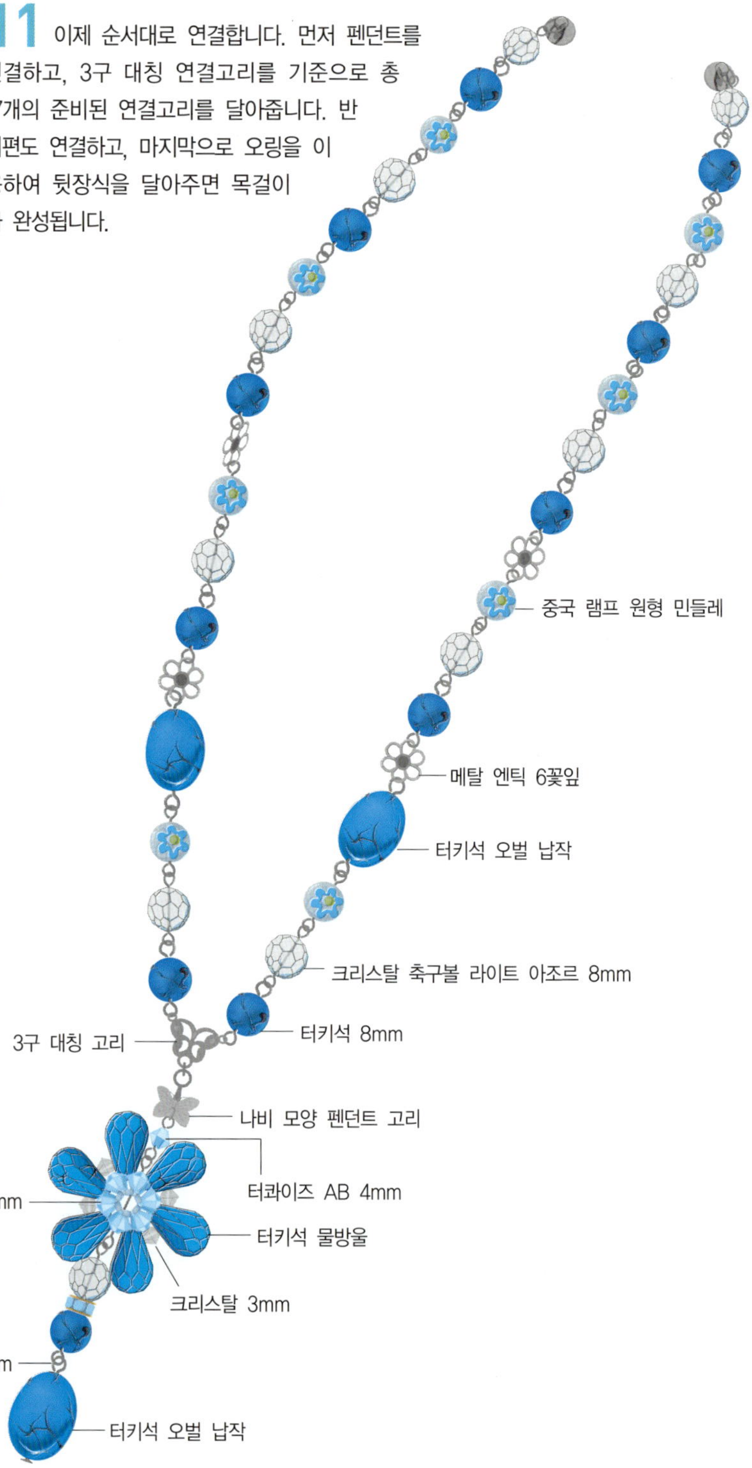

중국 램프 원형 민들레

메탈 엔틱 6꽃잎

터키석 오벌 납작

크리스탈 축구볼 라이트 아조르 8mm

터키석 8mm

3구 대칭 고리

나비 모양 펜던트 고리

터콰이즈 AB 4mm

터콰이즈 AB 4mm

터키석 물방울

크리스탈 3mm

론델 5mm

터키석 오벌 납작

08 바다 산호 목걸이

초커 스타일의 레이스 느낌의 이 목걸이는 생기발랄하면서 귀여운 느낌을 줍니다.
깊은 바다색의 원석은 산호석 돌가루에 염료를 입힌 착색석입니다. 착색석은
색감과 질감이 매우 좋아 많이 사용되고 있습니다.

준비물

마산옥 바다색 4mm 28개
크리스탈 4mm 다크 사파이어 28개
크리스탈 4mm 카프리 블루 AB 14개
크리스탈 4mm 젯 28개
크리스탈 6mm 축구볼 젯 7개
크리스탈 물방울 젯 6개
시드 비즈 정도 150개
비드팁 흑니켈 도금 2개
랍스터 흑니켈 도금 1개
늘이게 체인 흑니켈 도금 1개
낚싯줄(3호) 2.5m

• 예상 제작 시간 : 2시간
• DIY 예상 가격 : 19,800원
• 완제품 예상 가격 : 32,000원
• 난이도 : ★★

바다 산호 목걸이 만들기

간단한 교차와 통과 기법만으로 만들기 때문에 어렵지 않습니다. 스포티한 스타일의 차림에 잘 어울리며, 파란빛 원피스에도 매우 잘 어울립니다. 앳된 모습을 연출하고자 한다면 만들어 착용해 보세요.

목걸이 만들기

01 낚싯줄 1m를 두 줄 준비합니다. 낚싯줄 끝에 고정볼을 평집게로 눌러서 고정시켜주고, 비드팁을 덮어 평집게로 닫아줍니다. 비드팁으로 고정시킨 후 두 줄을 모아 마산옥 4mm 바다색을 끼웁니다.

02 왼쪽 줄에 크리스탈 4mm 젯 2개, 시드 비즈 5개를 끼웁니다. 오른쪽 낚싯줄에는 크리스탈 4mm 다크 사파이어 1개와 시드 비즈 5개를 넣어 줍니다.

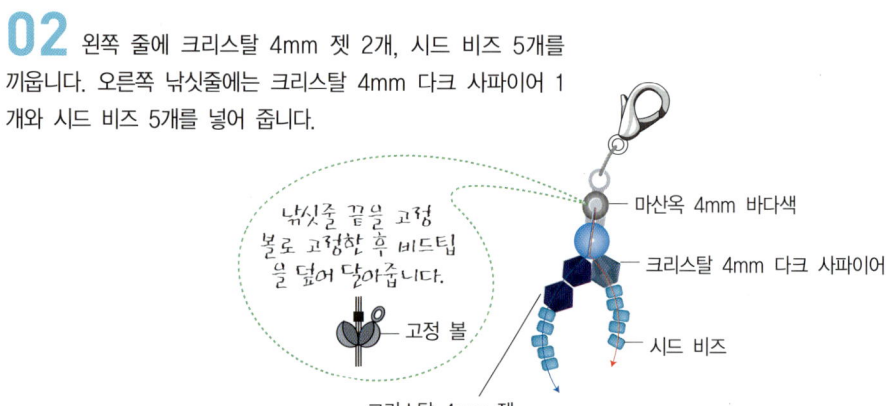

낚싯줄 끝을 고정볼로 고정한 후 비드팁을 덮어 달아줍니다.

— 고정 볼

— 마산옥 4mm 바다색

— 크리스탈 4mm 다크 사파이어

— 시드 비즈

크리스탈 4mm 젯

모티브와 줄 연속하여 만들기

03 왼쪽 낚싯줄에 마산옥 6mm 바다색을 끼우고 오른쪽 낚싯줄로 교차합니다.
양쪽 줄에 크리스탈 4mm 카프리 블루, 6mm 마산옥, 크리스탈 4mm 다크 사파이어를 넣고 끼웁니다. 왼쪽 낚싯줄에는 마산옥 6mm 바다색을 끼우고 오른쪽 낚싯줄로 교차합니다.

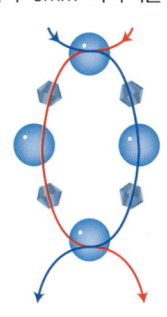

04 양쪽 줄에 마산옥 4mm 바다색을 끼우고 두 줄을 모아 크리스탈 6mm 축구볼 젯을 끼우고, 양쪽 줄에 마산옥 4mm 바다색을 끼워 위의 마산옥 6mm 바다색에 교차합니다.

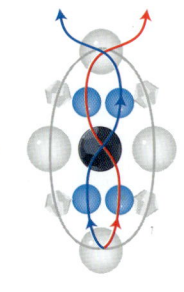

05 양쪽 줄을 도안처럼 양방향으로 비즈들을 통과한 후 아래의 마산옥 6mm 바다색에 교차합니다. 그런 다음 왼쪽 줄에 시드 비즈 5개, 크리스탈 4mm 젯 2개를 끼우고 오른쪽 줄에는 시드 비즈 5개, 크리스탈 4mm 다크 사파이어 1개를 끼우고 두 줄을 모아 시드 비즈 1개, 크리스탈 물방울 젯, 시드 비즈 1개를 끼웁니다.

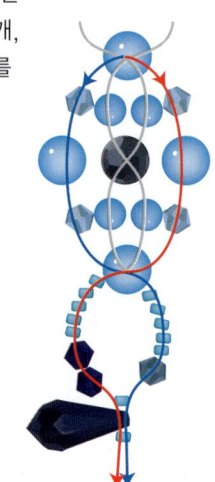

06 양쪽 줄을 갈라서 왼쪽 줄에는 크리스탈 4mm 젯 2개, 시드
비즈 5개를 끼우고 오른쪽 줄에는 크리스탈 4mm 카프리 블루 1개,
시드 비즈 5개를 끼웁니다.(03~05번까지 5번 반복합니다.)

07 모티브를 하나 더 만든 후 반대쪽
과 똑같이 왼쪽 줄에 시드 비즈 5개, 크리
스탈 4mm 젯 2개를 끼웁니다. 오른쪽 낚싯
줄에는 시드 비즈 5개, 크리스탈
4mm 카프리 블루 1개를 끼웁니
다. 두 줄을 모아 마산옥 4mm 바
다색을 끼운 후 비드팁을 끼우고 고정
볼을 끼웁니다. 고정볼은 평집게로
눌러서 고정시켜주고, 비드팁을 덮
어 평집게로 닫아줍니다.

도안처럼 ②~⑥까지 5번 반복한
후 ⑦번은 ①번과 같이 교차 통과
합니다.

크리스탈 축구볼 6mm

다크사파이어 4mm

크리스탈 물방울 젯

카프리 블루 4mm

마산옥 바다색 6mm

크리스탈 4mm 젯

오링 연결과 뒷장식 달기

08 오링을 살짝 벌려서 비드팁의 고리를 끼우고 랍스터를 달아주고 반대편도
오링을 살짝 벌려서 비드팁의 고리를 끼우고 늘이게 체인을 답니다.
(오링 연결과 뒷장식 달기 방법은 22, 23쪽을 참조하세요.)

PART 3

원석! 그 매력에 빠지다

01 핑크 희귀석 목걸이
추상화를 그려놓은 듯한

핑크 희귀석은 드래곤 카로아석과 비슷한 원석의 결정체로 장미빛의 자연스러운
흘러내림이 매우 독특한 원석입니다.
로도클로사이트 원석은 자연 상태에서 추상화를 그린 것같은 원석의 중첩된 칼라들이
아주 예쁘고 핑크색에서 화이트로 종종이 선명하게 넘어가는 것이 매우 신기합니다.

핑크 희귀석 목걸이 만들기

은은한 빛깔의 사이에 우윳빛의 황옥을 중간중간 끼워서 더욱 고급스러운 천연원석의 파스텔풍 색채를 느낄 수 있습니다. 깨끗한 이미지의 화이트 의상과 매치하면 매우 화사한 느낌을 주며, 희귀한 느낌의 원석이 기품 있는 분위기를 자아냅니다.

펜던트에 원석 달기

01 아티스틱 와이어 20G(0.8mm)로 고리를 만들어서 예쁘게 골뱅이 말이하여 펜던트를 만듭니다.(원석에 와이어 코일링하는 방법은 Part 1의 24쪽 아티스틱 와이어를 이용하여 펜던트 달기를 참조하세요.)

02 로도클로사이트 원석과 메탈 비즈 은버니 무늬볼 6mm에 구핀을 끼워 구자집게로 동그랗게 말아서 고리를 만듭니다. 희귀석 와이어 연결고리에 연결하고 메탈 엔틱 연결장식 원에 도안과 같이 연결합니다.

준비물

로즈 카로아 1개
로도클로사이트 10mm 1개
마산옥 매트 연분홍 6mm 22개
마산옥 매트 연분홍 4mm 14개
납작 타원 투명 황옥 4개
메탈 비즈 은버니 무늬볼 6mm 9개
메탈 엔틱 연결장식 원 1개
뒷장식 연꽃잎 1쌍
구핀 백금 도금 0.6*30mm 50개
비달론 아티스틱 와이어 실버
　　20G(0.8mm) 15cm
오링 0.8*3mm 2개

· 예상 제작 시간 : 2시간
· DIY 예상 가격 : 19,000원
· 완제품 예상 가격 : 40,000원
· 난이도 : ★

목걸이 줄 만들기

03 아래와 같이 원석에 구핀을 끼워서 끝 부분을 구자말이 집게로 동그랗게 말아 고리를 만듭니다.

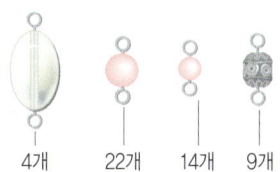

4개　　22개　　14개　　9개

04 이제 연결합니다. 먼저 메탈 엔틱 연결장식 원에 오른쪽 줄부터 연결해 봅니다. 연결할 때는 구핀 연결고리들의 벌어진 틈이 없도록 평집게로 잘 다듬어 주어야 합니다. 마지막으로 오링과 뒷장식을 연결하면 완성됩니다.

뒷장식 연꽃잎
오링
마산옥 매트 연분홍 4mm
메탈 비즈 은버니 무늬볼 6mm
마산옥 매트 연분홍 6mm
납작 타원 투명 황옥
연결장식 원
로도클로사이트 10mm

02 오벌 천신석 목걸이

토파즈 계열의 진파 수정과 특이한 천신석의 새로운 만남

천신석은 보기보다 몸에 착용하였을 때가 더욱 세련되고 신비로운 느낌을 줍니다. 원석을 자세히 보면 반짝이는 화이트 박편같은 것이 보이는데, 그 박편이 더욱 은은하게 품격을 지켜줍니다.

오벌 천신석 목걸이 만들기

오벌 천신석의 뾰족한 모양은 특이하여 다른 원석들과 배치할 때 매우 까다롭지만 궁합이 잘맞는 원석들과 어울려 매우 품격있는 분위기를 보여줍니다. 여름에 썬탠을 한 피부에 착용하면 잘 어울리는 원석 목걸이입니다.

준비물

오벌 천신석 60 * 20mm 1개
인화석 10mm 4개
로도클로사이트 10mm 2개
마산옥 카키 고급형 12mm 2개
진파 스퀘어 수정 14개
사금석 4mm 24개
인화석 4mm 20개
가넷칩 8개
구핀 동버니쉬 0.6 * 3mm 36개
오링 동버니쉬 0.6 * 3mm 2개
늘이게 체인 동버니쉬 1개
랍스터 동버니쉬 1개

• 예상 제작 시간 : 2시간
• DIY 예상 가격 : 32,600원
• 완제품 예상 가격 : 70,000원
• 난이도 : ★★

원석 구핀 연결고리 만들기

01 사용할 원석에 구핀을 끼워서 도안과 같이 연결고리를 만들어 둡니다.

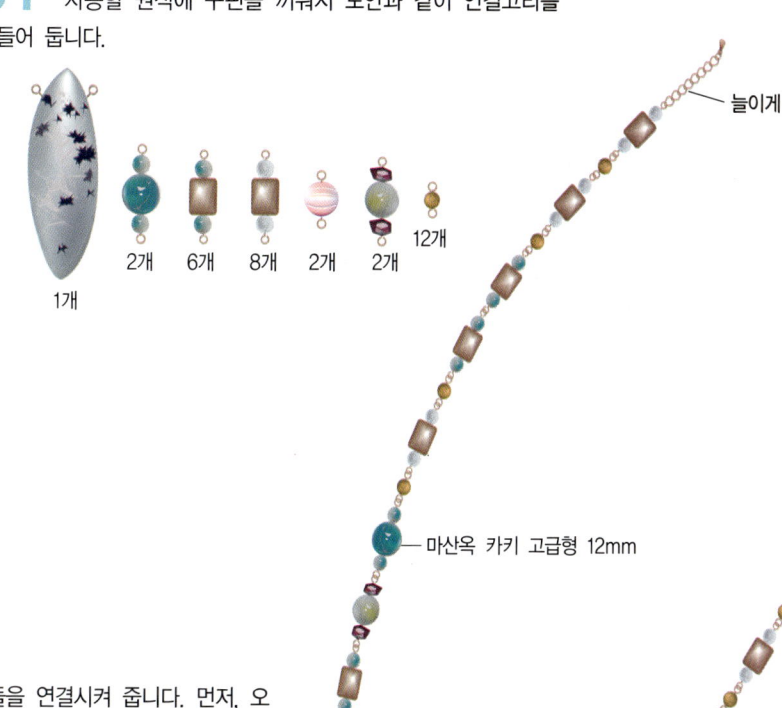

1개 · 2개 · 6개 · 8개 · 2개 · 2개 · 12개

늘이게 체인
랍스터
오링

마산옥 카키 고급형 12mm
인화석 4mm
스퀘어 수정
로도클로사이트 10mm
진파 스퀘어 수정
가넷칩
사금석 4mm
인화석 10mm

목걸이 줄 만들기

02 자, 이제 준비된 원석의 연결고리들을 연결시켜 줍니다. 먼저, 오벌 천신석을 기준으로 오른쪽 줄부터 연결하겠습니다. 왼쪽 줄도 같으므로 똑같이 연결하면 됩니다.

03 오링과 뒷장식을 연결하고 나면 목걸이가 완성됩니다.
(오링 달기와 뒷장식달기 방법은 Part 1의 22, 23쪽을 참조하세요.)

03

밋밋한 패션에 컬러풀한 포인트!

산호석 가넷 목걸이

천연 산호에서 조각된 모양과 스와롭스키 크리스탈 사이암의 조화로 매우 강렬한 붉은색으로 매치된 목걸이입니다. 산호는 진주 다음의 가치를 가지는 유기질 보석입니다. 적색, 핑크 백색, 흑색 골드 등 여러 빛깔의 산호 중에서도 적색 산호가 가장 가치가 있습니다.

산호석 가넷 목걸이 만들기

강렬한 붉은색이 포인트가 되는 목걸이입니다. 화이트와 토파즈 계열, 레드 톤의 의상에 붉은색 립스틱을 하면 더욱 선명하고 생기발랄한 이미지를 보여줄 수 있습니다.

펜던트 만들기

01 눈 모양 론델 은버니, 중국 베네치아 램프 가로 원형 블랙, 눈 모양 론델을 구핀에 차례대로 끼우고 고리를 만듭니다. 중국 베네치아램프 구핀 고리에 베일 장식을 끼우고, 빠지지 않게 평집게로 베일 장식을 누릅니다.

02 천연 산호 6각 연결고리에 티핀을 끼우고 구자말이집게로 끝 부분을 동그랗게 말아서 고리를 만듭니다. 눈 모양 론델 은버니에 연결합니다.

준비물

천연 산호 6각 1개
중국 배네치아 램프 가로 원형 블랙 7*12mm 1개
원형 담수 진주 블랙 6mm 32개
산호석 진빨강 8mm 34개
크리스탈 축구볼 사이암 6mm 8개
눈 모양 론델 은버니 18개
티핀 백금 도금 0.6*40mm 1개
구핀 백금 도금 0.6*30mm 1개
오링 0.8*3mm 2개
비드팁(올챙이) 백금 도금 2개
고정볼 2개
배꼽장식 1쌍
베일 니켈 도금 1개
와이어 0.45mm 50cm

• 예상 제작 시간 : 1시간
• DIY 예상 가격 : 23,120원
• 완제품 예상 가격 : 36,000원
• 난이도 : ★

목걸이 줄 만들기

03 먼저 도안과 같이 와이어의 한 쪽 끝을 비드팁으로 고정한 후 도안처럼 순서 대로 비즈들을 끼웁니다.

04 ①번에서 ④번까지는 반복한 후 ⑤번은 다시 순서대로 끼우고 펜던트의 베일고리를 끼웁니다. 반대편을 대칭되도록 만듭니다.

05 이제 비드팁으로 마무리를 하면 됩니다. 오링과 뒷장식을 연결하면 목걸이가 완성됩니다.

뒷장식
오링
비드팁

눈 모양 론델 은버니

크리스탈 축구볼 사이암 6mm

원형 담수 진주 블랙 6mm

산호석 진빨강 8mm

천연 산호 6각

04 헤마타이트 목걸이

도시적 분위기의 세련된 컬러

헤마타이트는 블랙이면서도 자연의 광택을 가지고 있습니다. 아주 세련된
컬러로 도시적인 분위기를 보여주며, 심플하고 날렵한 느낌을 주는데,
이 광택의 정도에 따라 등급이 나뉜다고 합니다. 남성에게 잘 어울리는
원석으로, 화성을 상징한 날에 헤마타이트로 장식한 반지를 끼면 행운이
온다고 하네요.

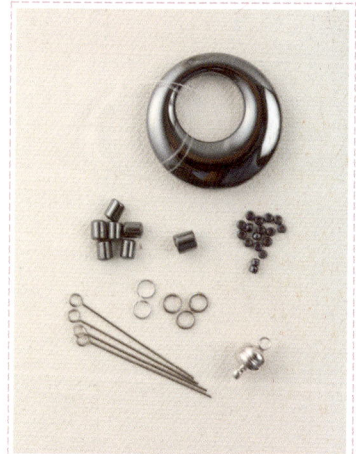

헤마타이트 목걸이 만들기

이 작품은 구핀을 연결하는 기법으로 목걸이 줄을 만들고, 낚싯줄을 이용한 단순한 교차와 통과 방법으로 펜던트의 고리 부분을 만듭니다. 깨끗한 정장 스타일과 평상시에 착용하기에 부담이 없는 디자인입니다.

준비물

헤마 오픈링 1개
헤마타이트 원통 3mm 57개
시드 비즈(4-0007-6) 30개
구핀 0.6*30mm 백금 도금 50개
오링 0.6*3mm 백금 도금 2개
자석 뒷장식 1쌍
낚싯줄 3호 30cm

• 제작 시간 : 2시간
• DIY 예상 가격 : 5,800원
• 완제품 예상 가격 : 12,000원
• 난이도 : ★★

펜던트 만들기

01 낚싯줄에 헤마타이트 원통 3mm 하나를 끼우고 왼쪽 줄과 오른쪽 줄에 시드 비즈 2개를 끼웁니다. 왼쪽 줄에 헤마타이트 원통 1개를 끼우고 오른쪽 낚싯줄로 교차시킵니다. 도안과 같이 교차를 모두 6번 반복합니다.

02 양쪽 줄에 시드 비즈를 2개씩 끼우고, 헤마 오픈링을 끼우고 왼쪽 줄을 첫번째 헤마타이트 원통 3mm에 통과시킵니다. 오른쪽 줄과 함께 두 번 꽉 묶어줍니다.

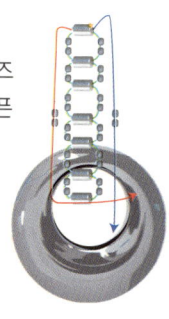

03 묶은 후 바로 자르면 낚싯줄의 끝이 뾰족하게 튀어나오므로 먼저 오른쪽 줄부터 옆에 있는 구슬들을 여러 개 통과시킨 후 자릅니다. 왼쪽 줄도 구슬들을 여러 개 통과시킨 후 자릅니다.

구슬들을 여러 개 통과시킨 후 자르면 낚싯줄의 끝이 구슬 속으로 쏘~옥 들어가서 자른 면이 깨끗이 정리됩니다.

목걸이 줄 만들기

04 구핀에 헤마타이트 원통 3mm를 끼우고, 끝 부분을 동그랗게 말아서 연결고리 50개를 만듭니다.

05 도안처럼 시드 비즈 사이의 낚싯줄에 헤마타이트 원통 3mm 구핀 연결고리를 걸어줍니다. 그리고 평집게로 벌어진 구핀의 틈을 막아줍니다.

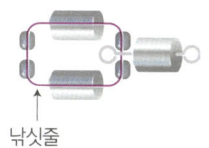

낚싯줄

06 양쪽에 헤마타이트 원통 3mm 구핀 연결고리를 25개씩 연결합니다. 이제 마지막으로 오링을 이용하여 뒷장식을 달아주면 목걸이가 완성됩니다.

뒷장식
오링
25개

05 장미 펜던트 긴 줄 목걸이

분홍색 또는 복숭아빛 석영을 로즈 쿼츠(장미 수정)라 합니다. 로즈 쿼츠의 결정은 아주 드물며,
조각되거나 캐버션 연마 또는 장식용품으로 많이 만들어집니다.
장미석은 일반적으로 옅은 분홍색이며, 원석 자체가 깨지기 쉬워서 부분적으로 내부에 균열이 생기는
경우도 많습니다.

장미 펜던트 긴 줄 목걸이 만들기

목 라인에 한 번 감아서 앞의 장미 펜던트 바로 위의 오링에 걸어주는 스타일입니다. 티파니 장식같은 엔틱한 느낌을 없애고 뒷장식 연결고리를 눈에 띄지 않게 감추는 듯한 부드러운 느낌의 목걸이입니다.

준비물

장미 모양 장미석 40mm 1개
장미석 오벌 2개
장미석 10mm 8개
장미석 4mm 182개
호박만옥 진달래 6mm 6개
비달론 아티스틱 와이어 실버 24G(0.5mm)
　　15cm
오링 0.8*3mm 2개
비드팁 백금 도금 2개
고정볼 2개
랍스터 백금 도금 1개
와이어 0.45mm 1m
비즈캡 0003 32개
피아노줄 와이어 0.45mm 1m

• 예상 제작 시간 : 1시간 30분
• DIY 예상 가격 : 28,400원
• 완제품 예상 가격 : 45,000원
• 난이도 : ★★

목걸이 줄 만들기

01 장미 모양 원석에 아티스틱 와이어를 도안과 같이 연결고리를 만듭니다.(Part1 24쪽의 아티스틱 와이어를 이용하여 펜던트 달기를 참조하세요.)

02 먼저 피아노줄 와이어 1m의 한쪽을 고정하고, 비드팁의 가운데 구멍에 와이어를 끼우고 고정볼을 납작하게 찌그러 뜨린 후 불필요한 부분을 자릅니다. 본드 칠을 하고 난뒤 평집게로 비드팁을 닫습니다.

03 이제 도안과 같이 비즈캡과 비즈들을 순서대로 모두 끼우고 반대쪽과 같이 비드팁을 연결하여 마무리합니다.

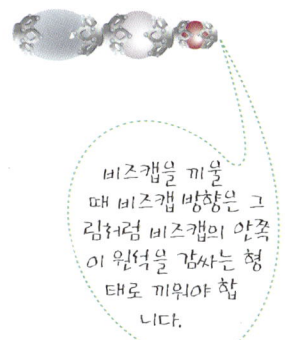

비즈캡을 끼울 때 비즈캡 방향은 그림처럼 비즈캡의 안쪽이 원석을 감싸는 형태로 끼워야 합니다.

오링 연결과 뒷장식 달기

04 비드팁을 양쪽 모두 연결하였다면 이제 오링으로 펜던트와 연결합니다. 도안과 같이 비드팁의 연결고리와 펜던트의 와이어 연결고리를 오링으로 연결합니다.

05 반대편도 비드팁의 연결고리와 랍스터의 연결고리를 오링으로 연결합니다. 모두 연결하였다면 이제 목걸이를 착용해 봅시다.

180개

호박만옥 진달래 6mm
장미석 10mm
장미석 오벌
비즈캡
오링

06

풍요로운 느낌을 주는

희귀석 세 줄 목걸이

이 작품에 사용하는 원석은 회색의 카로아 계열로 간혹 균열이 눈에 보이는
원석입니다. 원석도 특이하지만 풍성한 목걸이 줄이 아주 매력적인 느낌을 줍니다.

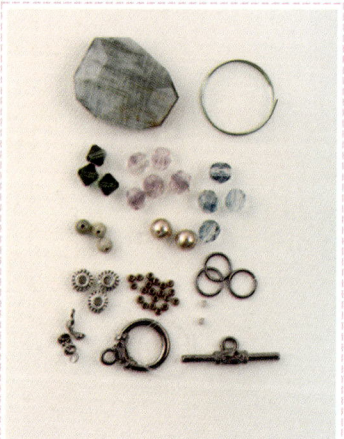

희귀석 세 줄 목걸이 만들기

낚싯줄 세 줄에 비즈들을 중복 통과시켜서 만듭니다. 굳이 도안대로 하지 않아도 크게 모양이 틀어지지 않습니다. 세 줄의 풍요로운 목걸이 줄은 화환을 목에 착용한 듯한 이미지를 연상시키며, 특히 여름철 하얀 피부 위에 하면 잘 어울립니다.

펜던트 만들기

01 아티스틱 와이어 22G(0.6mm)로 구자집게로 고리를 먼저 만듭니다. 이제 평집게로 동그랗게 만든 고리 모양 부분을 꽉 잡고 오른손으로 짧은 와이어 끝을 잡고 3번 감습니다. 감은 후 남은 부분은 1cm 정도 여유를 두고 니퍼로 잘라서 원석 구멍에 같이 집어넣으면 잘린 면이 보이지 않아 더 예쁘게 됩니다. 평집게로 다시 잘 다듬은 다음 회색빛 돌을 끼웁니다. 아티스틱 와이어를 7cm 정도 남겨 골뱅이 말기를 한 후 원석에 밀착시킵니다.

목걸이줄 만들기

02 낚싯줄 60cm를 3줄 준비합니다. 비드팁 가운데 구멍에 낚싯줄을 모두 끼우고 고정볼을 끼웁니다. 낚싯줄이 빠지지 않게 고정볼을 납작하게 찌그러뜨리고 불필요한 부분을 자릅니다. 본드 칠을 한 뒤 평집게로 비드팁을 닫아줍니다.

준비물

회색빛 돌 1개
크리스탈 진주 브론즈 6mm 10개
크리스탈 주판알 트루마린 6mm 10개
인화석 4mm 44개
파이어 폴리쉬 6mm 20064 40개
파이어 폴리쉬 6mm 20036 40개
시드 비즈 4-0007-1 300개
티파니 3 1쌍
오링(대) 흑니켈 도금 2개
비드팁 흑니켈 도금 2개
고정볼 2개
낚싯줄(흑) 3호 2m
비달론 아티스틱 와이어 22G(0.6mm) 그린 15cm
메탈 엔틱 은버니 꼬임 론델 2개

• 예상 제작 시간 : 1시간
• DIY 예상 가격 : 18,000원
• 완제품 예상 가격 : 30,000원
• 난이도 : ★★★

03 도안과 같이 낚싯줄에 회색빛 돌과 비즈들을 순서대로 끼우고 비드팁과 고정볼로 마무리합니다. 마지막으로 오링을 연결해서 목걸이줄과 뒷장식을 연결합니다.(Part 1의 오링과 뒷장식 달기를 참조하세요.)

시드 비즈

진주 브론즈 6mm
파이어 폴리쉬 20064
파이어 폴리쉬 20036

크리스탈 트루마린 4mm

인화석 4mm

외쪽을 모두 끼운 다음 와이어 펜던트를 걸어주고 오른쪽을 대칭이 되도록 만듭니다.

07 터키석 물방울 시드 비즈 목걸이

아름다운 넥라인을 만드는 레이스풍의 화려한 디자인

처음으로 채굴된 보석들 중의 하나인 터키석(터퀴즈, 녹송)은 함유된 철과 구리의 양에 따라서 하늘빛 청색에서 녹색까지 다양한 색이 있습니다. 강한 색깔로 인해서 오랫동안 귀하게 여겨져 왔을 뿐만 아니라 색을 변화시켜 소지자에게 위험과 질병을 경고해 준다고 합니다.

터키석 물방울 시드 비즈 목걸이 만들기

초커형의 목라인을 연출할 수 있는 레이스풍의 화려한 디자인으로 심플한 의상에 잘 어울립니다. 눈가에 은은한 느낌의 파란색 섀도우를 하면 더욱 멋지겠죠!

준비물

터키석 타원(대) 18mm 1개
터키석 세로 구멍 물방울 8*12mm 12개
터키석 원형 4mm 2개
마산옥 원형 카키색 8mm 12개
마산옥 원형 카키색 12mm 1개
시드 비즈 4-0008-2 410개
비즈캡 플라워 백금 도금 1개
구핀 0.6*30mm 백금 도금 13개
티핀 0.6*30mm 백금 도금 13개
볼티핀 백금 도금 1개
오링 0.6*3mm 백금 도금 13개
낚싯줄 3호 1m
고정볼 2개
비드팁 백금 도금 2개
늘이게 체인 백금 도금 1개
랍스터 백금 도금 1개

• 예상 제작 시간 : 2시간
• DIY 예상 가격 : 9,030원
• 완제품 예상 가격 : 19,350원
• 난이도 : ★★

01 먼저 사용할 비즈에 연결고리를 만들어 놓습니다. 마산옥 원형 카키색 8mm와 12mm 연결고리에는 오링을 모두 끼워 놓습니다.

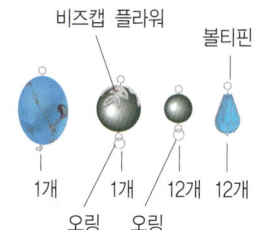

비즈캡 플라워
볼티핀
1개 1개 12개 12개
오링 오링

02 비드팁 가운데 구멍에 낚싯줄 50cm 두 줄을 끼워서 빠지지 않도록 고정시키고, 낚싯줄 두 줄에 시드 비즈 71개, 터키석 4mm 1개를 끼웁니다. 두 줄을 갈라 왼쪽 줄에 7개 오른쪽 줄에 5개의 시드 비즈를 각각 끼우고, 오링이 달린 마산옥 원형 카키색 8mm를 양쪽 줄에 동시에 끼웁니다. 이것을 6번 반복합니다. 다시 왼쪽 줄에 15개, 오른쪽 줄에 7개의 시드 비즈를 끼우고 마산옥 원형 카키색 12mm를 양쪽 줄에 동시에 끼웁니다.

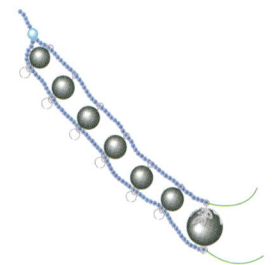

03 아래 도안과 같이 마산옥 원형 카키 12mm를 중심으로 반대편도 모두 만들어 주고 비드팁으로 마무리 합니다. 비즈들을 모두 연결합니다.

04 이제 터키석 물방울을 달아봅시다. 터키석 물방울 연결고리를 살짝 벌려 오링에 달고 평집게로 닫아줍니다. 중앙에 터키석 원반(대) 연결고리를 달아주면 됩니다.

05 마지막으로 비드팁에 오링과 뒷장식을 연결해주면 됩니다.(Part 1의 오링 연결과 뒷장식 달기를 참조하세요.)

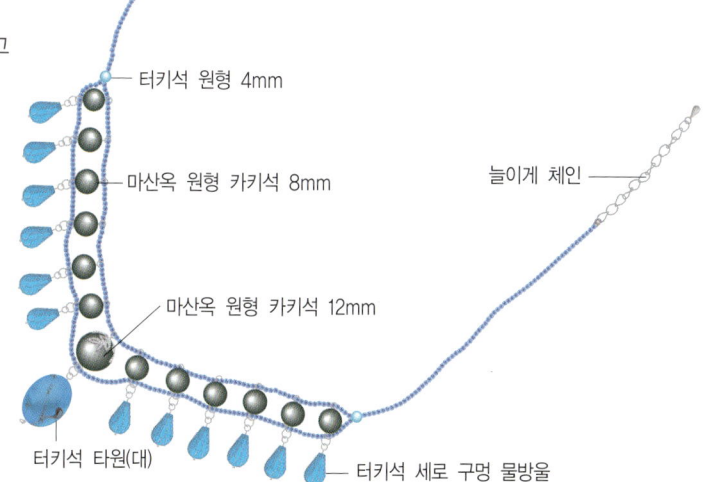

오링 랍스터
터키석 원형 4mm
마산옥 원형 카키색 8mm
늘이게 체인
마산옥 원형 카키색 12mm
터키석 타원(대)
터키석 세로 구멍 물방울

PART 4

천연석으로 빚어내는 다양한 엑세서리

01 신비로운 엔틱 시계

신비로운 엔틱 시계와 초록의 천연 원석이 빚어내는

엔틱 시계 장식에 연결된 천연석 시계줄이 매우 고급스럽고 멋스러운 분위기를 자아냅니다. 초록빛이 감도는 천연 녹수정과 희귀석, 그 사이의 가넷 원석 모두 정말 좋은 천연석이며, 가넷의 짙은 붉은색에서 나오는 은은한 빛이 한층 더 고급스럽게 느껴집니다.

준비물

엔틱 시계 1개
크리스탈 주판알 4mm 페리도트 사틴 8개
가넷 3mm 8개
녹수정 오벌 7*11mm 4개
회색빛 돌(소) 2개
다이아몬드 컷 MIL01S1 4mm 6개
은버니 비즈캡 000010 4개
낚싯줄 3호 1m

• 예상 제작 시간 : 30분
• DIY 예상 가격 : 21,800원
• 완제품 예상 가격 : 32,000원
• 난이도 : ★★

신비로운 엔틱 시계 만들기

시계줄 만들기

01 왼쪽부터 만듭니다. 낚싯줄 40cm를 준비하여 시계의 한쪽 고리에 낚싯줄을 도안의 화살표 방향대로 끼웁니다. 양쪽 줄에 각각 크리스탈 4mm 페리도트 사틴을 1개씩 끼웁니다. 왼쪽 줄에 가넷 3mm를 끼워서 오른쪽 줄로 교차합니다.

02 두 줄을 모아서 도안과 같이 순서대로 끼웁니다. 낚싯줄을 다시 양쪽으로 나누어 크리스탈 4mm 페리도트 사틴을 각각 1개씩 끼웁니다.

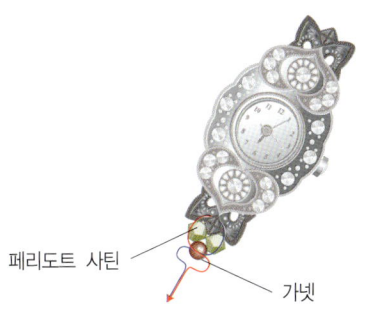

페리도트 사틴

가넷

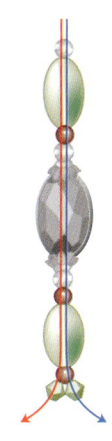

시계 장식 달기

01 각각의 줄을 시계 장식 고리 부분의 구멍으로 왼쪽 줄은 ⓐ→ⓑ, 오른쪽 줄은 ⓑ→ⓐ의 순으로 통과합니다. 다시 크리스탈 4mm에 두 줄을 각각 통과시켜 만나면 두 번 묶습니다. 묶은 후 바로 자르면 낚싯줄의 끝이 뾰족하게 튀어 나오므로 먼저 오른쪽 줄부터 옆에 있는 구슬들을 여러 번 통과시킨 후 자릅니다.

02 왼쪽 줄도 마찬가지로 옆에 있는 구슬들을 여러 개 통과시킨 후 자르면 낚싯줄의 끝면이 구슬 속으로 쏘~옥 들어가서 자른 면이 보이지 않습니다. 반대편 시계줄도 같은 방법으로 만들어 주면 엔틱한 시계가 완성됩니다.

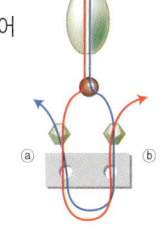

ⓐ ⓑ

가넷 3mm

녹수정 오벌

회색빛 돌

페리도트 사틴

비즈캡

다이아몬드 컷 4mm

02

품격 있는 스타일로 더욱 돋보이는

은볼 시계

순은볼을 하나하나 촘촘히 끼워가면서 시계줄을 만들어 봅니다.
만드는 시간은 오래 걸리나 만들고 나면 마음이 아주 뿌듯해집니다.

준비물

비즈 타원 시계 1개
은볼 2mm 240개
낚싯줄 3m

- 예상 제작 시간 : 2시간
- DIY 예상 가격 : 41,300원
- 완제품 예상 가격 : 59,000원
- 난이도 : ★★★★

은볼 시계 만들기

만드는 방법은 교차와 통과의 기본적인 방법으로 어렵지는 않으나 시간은 좀 걸립니다. 착용하면 매우 고급스러우며 특이하여 사람들의 시선을 끈답니다.

줄 만들기

01 왼쪽부터 만듭시다. 낚싯줄 1m를 준비하여 시계의 한쪽 고리에 끼웁니다. 왼쪽 낚싯줄에 은볼 2개를 끼우고 오른쪽 낚싯줄에 은볼 1개를 끼웁니다. 왼쪽 낚싯줄에 끼운 마지막 은볼에 오른쪽 낚싯줄로 교차합니다.

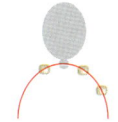

02 양쪽 줄에 은볼을 각각 1개씩 끼운 후 왼쪽 낚싯줄에 은볼 1개를 끼워 오른쪽 낚싯줄로 교차합니다.(16번 반복합니다.) 왼쪽 줄에 은볼 3개를 끼운 후 마지막 은볼에 오른쪽 줄로 교차합니다. 그러면 이제 방향이 바뀌게 됩니다. (왼쪽 줄에 은볼 3개를 끼운 후 마지막 은볼에 오른쪽 줄로 교차합니다.) 되돌려 만들기를 합니다. 왼쪽 줄은 이미 끼워져 있는 기존의 은볼에 통과하고 왼쪽 낚싯줄에 은볼 2개를 끼워 마지막 끼운 은볼에 오른쪽 낚싯줄로 교차합니다.(14번 반복합니다.)

03 왼쪽 줄에 은볼 2개를 끼우고 도안처럼 이미 끼워져 있는 은볼 2개를 통과하고 방금 끼운 은볼 2개로 한 바퀴 돌린 후 도안처럼 앞에 있는 이미 끼워져 있는 은볼 3개를 통과 후 반대편으로 넘어갑니다. 계속하여 왼쪽 줄에 은볼 3개를 끼웁니다. 오른쪽 줄은 도안처럼 지그재그로 이동하여 왼쪽 줄에 끼워져 있는 은볼 3개를 한 바퀴 돌아 나와서 교차합니다. 왼쪽 줄에 은볼 2개를 끼우고 오른쪽 줄은 이미 끼워져 있는 옆의 은볼을 통과한 후 왼쪽 줄의 마지막 끼운 은볼에 교차합니다.(15번 반복합니다.)

시계 장식 달기

04 두 줄을 시계 장식의 한 구멍으로 넣어 반대쪽 구멍으로 빼냅니다. 왼쪽 줄을 바로 앞의 은볼에 통과하여 두 줄이 만나면 두 번 묶고 은볼들을 여러 개 통과시킨 후 자릅니다.

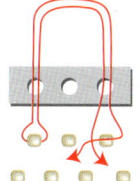

05 반대쪽 줄도 위와 같은 방법으로 만들어 주면 깔끔하고 세련된 시계가 완성됩니다.

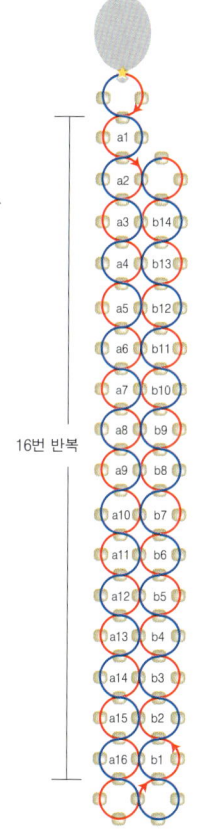 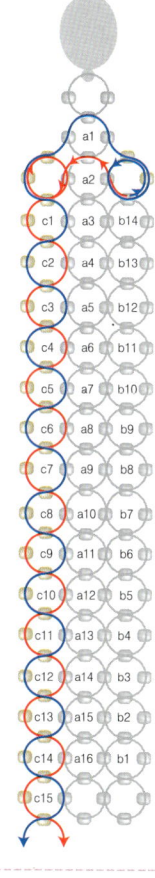

16번 반복

03 온화한 느낌의
화이트 오팔 시계

천수 유리를 녹여 만든 수제용 램프 비즈와 크리스탈 플라워를 잘
매치한 아름다운 목걸이입니다. 투명 황옥과 캣츠아이 화이트 원석을
사용하여 전체적인 컬러와 스타일을 맞추어서 온화한 느낌을 줍니다.

화이트 오팔 시계 만들기

화이트 톤으로써 어떤 색상의 의상에도 잘 어울리며, 레이스가 돋보이는 화이트 톤의 의상에 연출하면 19세기 인상파 화가 모네의 작품에 등장하는 여인처럼 로맨틱한 느낌을 줍니다.

시계 펜던트 만들기

01 낚싯줄 150cm를 준비하여 도안과 같이 시계 펜던트의 앞면을 만듭니다.

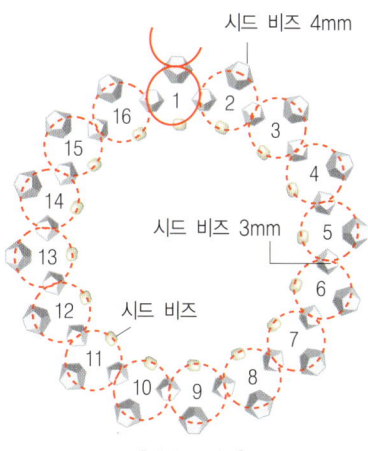

시드 비즈 4mm
시드 비즈 3mm
시드 비즈

[펜던트 앞면]

02 왼쪽 줄에 플라워 크리스탈 6mm 1개, 산호석 4mm 1개, 플라워 크리스탈 6mm 1개를 끼우고 오른쪽 줄로 플라워 크리스탈에 교차합니다. 왼쪽 줄은 산호석 4mm 1개, 플라워 크리스탈 6mm 1개를 끼우고, 오른쪽 줄은 기존의 화이트 오팔 4mm에 통과하여 왼쪽 줄의 마지막 플라워 크리스탈 6mm에 교차합니다.(14번 반복합니다.) 왼쪽 줄에 산호석 4mm 1개를 끼우고 오른쪽 줄을 기존의 화이트 오팔 4mm 1개와 플라워 크리스탈 6mm 1개를 통과한 후 왼쪽 줄의 산호석 4mm 1개에 교차합니다.

03 옆면 만드는 방법과 같은 방식으로 도안을 따라 밑면을 만듭니다.

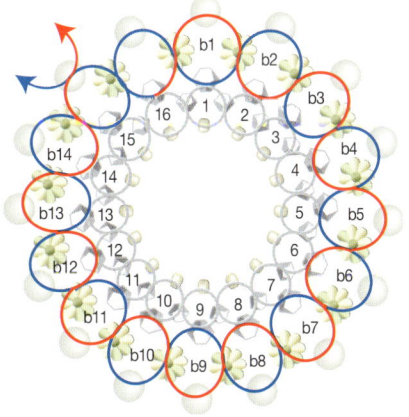

[펜던트 옆면]

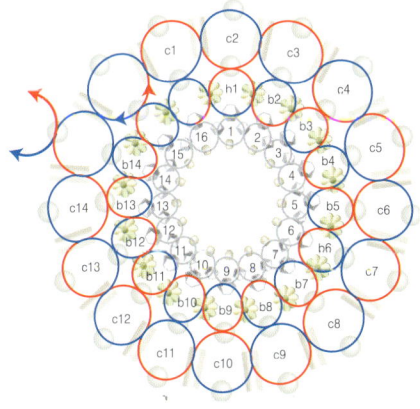

[펜던트 밑면]

준비물

중국 램프 비즈 원형 12mm 화이트 3개
중국 램프 비즈 원형 7~8mm 화이트 7개
납작 타원 투명 백옥 10*14mm 4개
산호석 백색 8mm 16개
산호석 백색 4mm 34개
캣츠아이 화이트 6mm 14개
크리스탈 주판알 4mm 화이트 오팔 31개
크리스탈 주판알 3mm 화이트 오팔 16개
플라워 크리스탈 6mm 크리스탈 ab 33개
시드 비즈 트위스트 막대 6mm 은색 16개
시드 비즈 은색 32개
뒷장식 연꽃잎 1개
구핀(0.6*30mm) 백금 도금 45개
오링(0.8*3mm) 2개
오링(0.6*2mm) 2개
볼티핀 1개, 낚싯줄(2호) 3m
시계 4큐빅 1개

• 예상 제작 시간 : 4시간
• 완제품구입가격 : 78,000원
• 완제품 예상 가격 : 36,000원
• 난이도 : ★★★★

꽃 노티브 만들기

04 낚싯줄 50cm를 준비해서 도안과 같이 순서대로 모티브를 3개 만듭니다.

05 산호석 4mm 사이의 엮어준 낚싯줄 틈으로 구핀을 넣어 모티브안의 산호석 4mm 를 끼운 후 위쪽 플라워 크리스탈 틈 사이로 구핀을 통과해서 연결고리를 만듭니다.

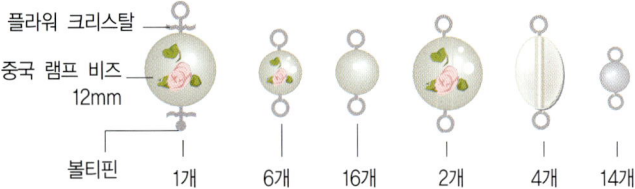

목걸이줄 만들기

06 구핀에 원석들을 끼워 연결고리를 먼저 만들어 놓으세요.

플라워 크리스탈

중국 램프 비즈 12mm

볼티핀

| 1개 | 6개 | 16개 | 2개 | 4개 | 14개 |

07 시계 펜던트 아래부터 차례대로 도안과 같이 연결합니다.

08 구핀 연결고리를 모두 연결했으면 오링을 연결하고 뒷장식을 달아줍니다.(Part 1의 오링 연결과 뒷장식 달기를 참조하세요.)

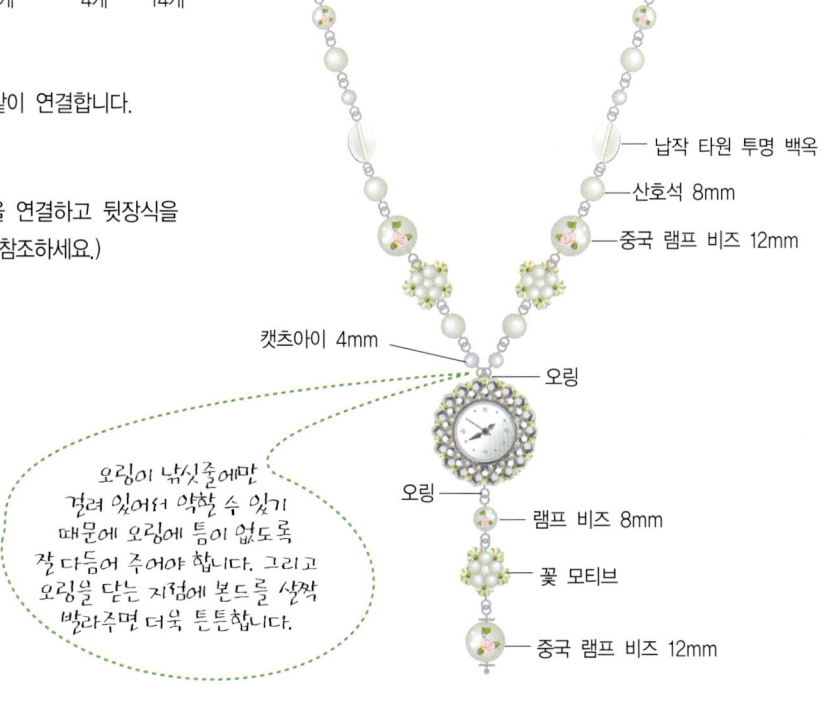

뒷장식

오링

납작 타원 투명 백옥

산호석 8mm

중국 램프 비즈 12mm

캣츠아이 4mm

오링

오링

램프 비즈 8mm

꽃 모티브

중국 램프 비즈 12mm

오링이 낚싯줄에만 걸려 있어서 약할 수 있기 때문에 오링에 틈이 없도록 잘 다듬어 주어야 합니다. 그리고 오링을 다는 지점에 본드를 살짝 발라주면 더욱 튼튼합니다.

엔틱 장식과 독특한 크리스탈 컬러가 조화로운

04 엔틱 꽃 모양 시계

이 작품은 낚싯줄로 교차와 통과를 이용하여 쉽게 만들 수 있습니다.
크리스탈 젯 AB 2X의 눈에 튀는 독특한 칼라로 손목에 착용하면
보기만 하여도 마음이 흡족해집니다.

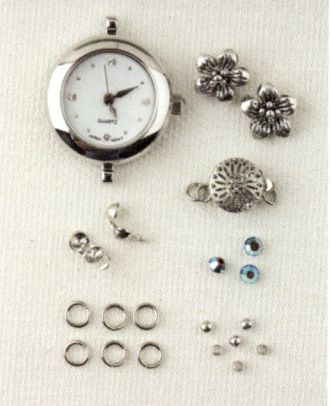

준비물

비즈 원형 시계 1개
크리스탈 주판알 3mm 36개
연결 장식 5꽃잎 은버니 10개
뒷장식 1쌍
비드팁 백금 도금 2개
오링 0.6*2mm 2개
고정볼 2개
낚싯줄 1m

- 예상 제작 시간 : 30분
- DIY 가격 : 12,500원
- 완제품 예상 가격 : 19,500원
- 난이도 : ★★

엔틱 꽃 모양 시계 만들기

이 작품은 낚싯줄로 교차와 통과를 이용하여 쉽게 만들 수 있습니다. 크리스탈 젯 AB 2X의 눈에 튀는 독특한 칼라로 손목에 착용하면 보기만 해도 마음이 흡족해집니다.

01 낚싯줄 40cm를 준비합하여 왼쪽부터 만듭니다. 시계의 한쪽 고리에 낚싯줄을 걸어줍니다. 양쪽 줄에 각각 크리스탈 주판알 3mm 젯 AB 2X를 1개씩 끼웁니다.

02 왼쪽 줄에 크리스탈 젯 AB 2X 3mm 1개를 끼우고 오른쪽 줄로 교차합니다. 연결장식 5꽃잎에 도안처럼 낚싯줄을 통과시킵니다. 즉 양쪽 줄에 5꽃잎의 꽃잎 2개씩을 통과시킨 후 마지막 꽃잎 1개에 왼쪽 줄과 오른쪽 줄을 교차합니다.(02번을 5회 반복합니다.)

03 양쪽 줄에 각각 크리스탈 주판알 3mm 젯 AB 2X를 1개씩 끼웁니다. 왼쪽 줄에 크리스탈 젯 AB 2X 3mm 1개를 끼우고 오른쪽 줄로 교차합니다. 이제 두 줄을 모아 비드팁을 끼우고 고정볼을 끼운 다음 낚싯술이 빠시시 않게 평집게로 납작하게 누릅니다. 반대쪽도 위의 방법대로 만들어 보세요.

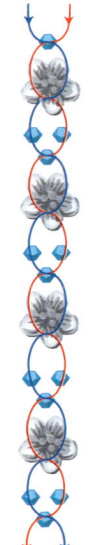

오링   연결장식 5 꽃잎   크리스탈 주판알 3mm 젯   오링

05 메모리 와이어 팔찌

다시희면서 세련된 디자인이

이 작품은 시드 비즈 중 실버 플랫의 고급 비즈와 스왈롭스키 크리스탈 젯
두 가지 재료만으로 멋있게 연출한 팔찌입니다.

메모리 와이어 팔찌 만들기

형태가 변하지 않는 메모리 와이어를 감싸는 방법으로 만듭니다. 만드는 방법은 그리 어렵지 않으나 시간은 조금 걸립니다. 이 팔찌는 정장 분위기나 블랙 톤의 의상에 잘 어울립니다.

준비물

크리스탈 주판알 3mm 62개
시드 비즈(실버 플렛 4-0012-2) 500개
낚싯줄(3호) 2m
메모리 와이어 팔찌형 20cm

- 예상 제작 시간 : 2시간 30분
- DIY 예상 가격 : 10,600원
- 완제품 예상 가격 : 22,000원
- 난이도 : ★★★

팔찌 틀 만들기

01 도안과 같이 낚싯줄 2mm에 크리스탈과 시드 비즈를 순서대로 끼워서 교차합니다.

02 왼쪽 줄에 시드 비즈 1개를 끼워 제일 처음 끼운 크리스탈 주판알에 통과하고, 시드 비즈 1개를 새로 끼워 오른쪽 줄로 교차합니다.
같은 방법으로 끝까지 만들고 두 줄이 만나는 지점에서 묶습니다. 낚싯줄을 바로 자르지 말고 끝이 튀어나오지 않도록 비즈를 여러 번 통과시킨 후에 자릅니다.

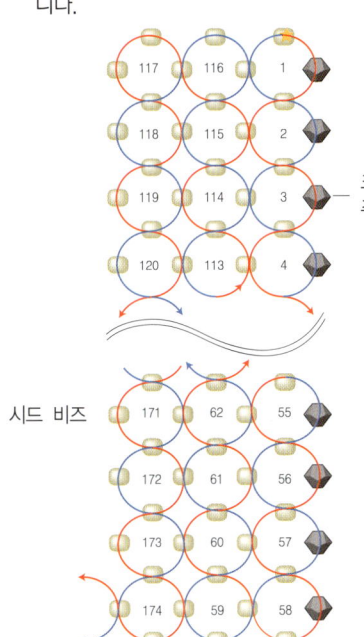

크리스탈 주판알 3mm

시드 비즈

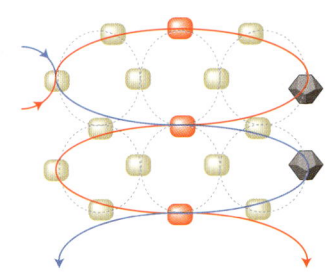

와이어 끼우기

03 이제 메모리 와이어를 준비합니다. 구자집게로 구핀을 구부리듯이 와이어 한쪽 끝에 동그란 고리를 만듭니다.

04 고리를 만든 후 크리스탈 주판알 3mm 젯 1개를 끼우고 만들어진 팔찌 틀을 끼웁니다. 반내편에도 크리스탈 주판알 3mm 젯 1개를 끼우고 구자집게를 이용하여 와이어 한쪽 끝에 동그랗게 고리를 만들면 완성됩니다.

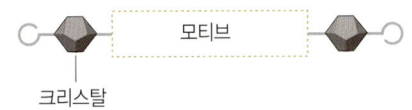

모티브

크리스탈

06

독특한 컬러의 보헤미안 스타일

엔틱 나비 팔찌

이 작품에 사용되는 원석은 마산옥 중 최고급 원석에 속하는 것으로, 염료를 가공한 원석이 아닌 자연 그대로의
천연 원석입니다. 엔틱 장식 소재와 화록석(매화석)과 잘 매치된 보헤미안 스타일의 엔틱 팔찌입니다.

엔틱 나비 팔찌 만들기

구핀으로 연결고리를 만들어 오링에 연결하는 방법으로 만들면 됩니다. 특히 구핀으로 연결고리를 만들 때 연결고리의 위, 아래의 방향이 일정하도록 각도를 잘 맞추어 주면 엔틱 나비의 앞, 뒤가 틀어지지 않고 예쁘게 정렬됩니다.

01 도안과 같이 연결고리를 만들어 놓습니다.

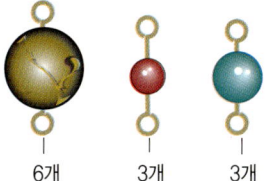

6개   3개   3개

02 이제 연결하여 봅시다. 랍스터 장식에 오링을 살짝 벌려 끼운 후 마산옥 연결고리를 연결하고 마산옥 연결고리를 나비 엔틱의 앞쪽 구멍에 연결합니다.

신주버니시 엔틱나비 팔찌 작품을 만들 때 연결고리를 더욱 잘 구부려야 합니다. 구핀 고리의 각도가 위, 아래 같을수록 팔찌의 모양이 틀어짐이 없이 편편하여 예쁘게 나옵니다.

[X]   ➔   [O]

03 오링을 살짝 벌려서 늘이게 체인을 달고 오링에 틈이 없도록 평집게로 잘 다듬습니다.(오링 연결 방법은 Part 1의 오링 연결하기를 참조하세요.)

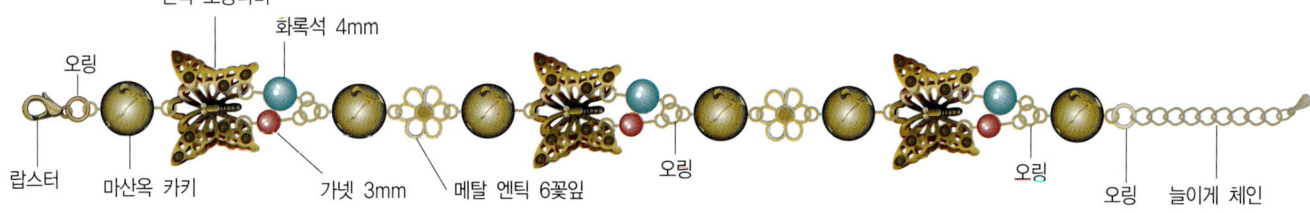

엔틱 호랑나비   화록석 4mm

오링

랍스터   마산옥 카키   가넷 3mm   메탈 엔틱 6꽃잎   오링   오링   오링   늘이게 체인

07 토파즈 누 줄 롱 팔찌

엔틱 장식과 스왈롭스키 크리스탈의 감각적 주화

엔틱 소재의 장식과 스왈롭스키 크리스탈의 질료인 배치로 감각적인
스타일의 팔찌입니다. 전체적으로 토파즈 칼라의 느낌으로 길게
만들어진 이 팔찌는 손목에 한 번 더 감아서 두 줄이 되게 합니다.
하얀 피부의 손목을 더욱 돋보이게 하는 고급스러운 토파즈 롱
타입으로써 샤넬 스타일 스커트의 의상에 맞추어 연출하면 아주 잘
어울립니다.

토파즈 두 줄 롱 팔찌 만들기

이 작품은 두 줄로 만드는 팔찌이며 반복적인 교차 반복으로 만드는 방법은 간단하지만 메탈 엔틱 리본 연결장식에서 크리스탈 주판알 3mm 라이트 피치 사틴을 교차할 때 크리스탈의 방향이 틀어지지 않게 낚싯줄을 수평으로 잘 당겨주어야 팔찌줄이 삐뚤어지지 않습니다.

준비물

크리스탈 주판알 4mm 라이트 콜로라도 토파즈 62개
크리스탈 주판알 3mm 라이트 피치 사틴 120개
메탈 엔틱 리본 연결장식 신주버니쉬 도금 30개
낚싯줄(3호) 150cm
오링(0.6 * 3mm) 신주버니시 도금 2개
랍스터 신주버니시 도금 1개
늘이게 체인 신주버니시 도금 1개
비드팁 신주버니시 도금 2개
고정볼 2개

- 예상 제작 시간 : 2시간
- DIY 예상 가격 : 21,900원
- 완제품 예상 가격 : 48,000원
- 난이도 : ★★★

01 낚싯줄 150cm에 고정볼을 끼워 낚싯줄 중간 지점에서 평집게로 납작하게 누른 후 두 줄을 모아 비드팁에 끼우고 비드팁을 닫습니다.

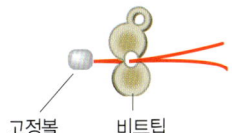

고정볼　　비트팁

02 양쪽 줄을 모아 크리스탈 주판알 3mm 라이트 피지 사틴을 끼웁니다. 양쪽 줄을 갈라서 각각 크리스탈 주판알 4mm 라이트 콜로라도 토파즈를 하나씩 끼우고 왼쪽 줄에 크리스탈 주판알 3mm 라이트 피치 사틴을 끼워 오른쪽 줄로 교차합니다. 낚싯줄을 메탈 엔틱 리본 연결장식 양쪽 옆면으로 빼줍니다.

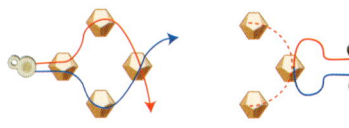

03 양쪽 줄에 크리스탈 주판알 3mm 라이트 피치 사틴을 끼워 양쪽 줄을 도안처럼 리본 연결장식 양쪽 옆면 사이로 다시 뺍니다. 이제 왼쪽 줄에 크리스탈 주판알 3mm 라이트 피치 사틴을 끼워 오른쪽 줄로 교차합니다.(2번~3번까지 30번 반복합니다.)

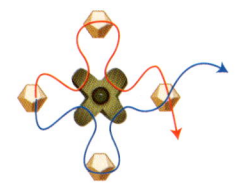

04 양쪽 줄에 각각 크리스탈 주판알 4mm 라이트 콜로라도 토파즈를 끼운 후 왼쪽 줄에 크리스탈 주판알 3mm 라이트 피치 사틴을 끼워 오른쪽 줄로 교차합니다.

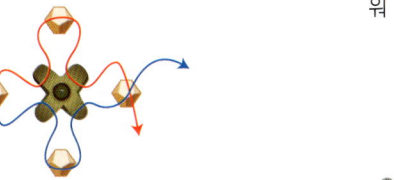

05 두 줄을 모아 비드팁을 끼우고 고정볼을 끼웁니다. 낚싯줄을 고정볼에 한 바퀴 돌린 후 고정볼을 비드팁 안쪽에 바싹 붙인 후 평집게로 납작하게 누르고 낚싯줄을 자릅니다. 비드팁을 닫고, 오링을 연결한 다음 뒷장식을 달아주면 완성됩니다.(오링 연결 방법은 22쪽을 참조하세요.)

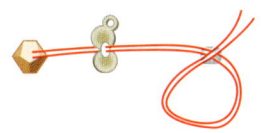

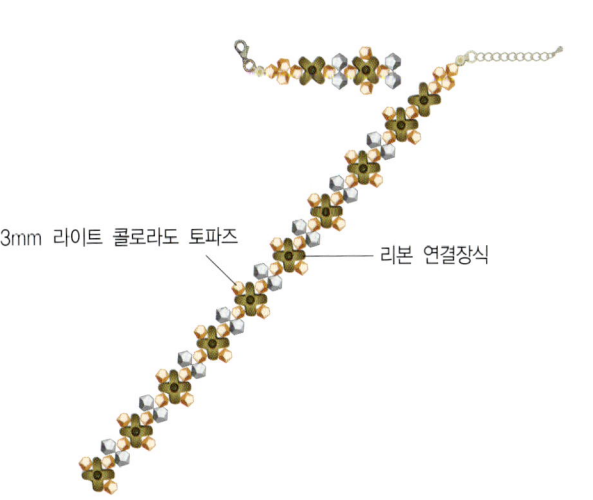

3mm 라이트 콜로라도 토파즈　　　　리본 연결장식

08 내츄럴한 분위기의
금빛 황수정 귀고리

시트린(황수정)은 황색 또는 황금빛 종류의 석영입니다.
시트린이 황색을 띠는 것은 철성분 때문인데, 대부분의
시트린은 자수정(amethyst)을 열처리한 것으로, 자연산
시트린은 일반적으로 옅은 황색이지만 많지 않습니다.

09 심플하고 단아한 느낌이
드롭 귀고리

세계적인 명품 크리스탈이 '왈드'기 그리스탈 톱빙들에
엔틱 나비 펜던트롭 끼워주기만 하며 고급스럽고 세려된
귀고리가 완성됩니다.

10 집시풍의 엔틱 스타일
원석 엔틱 귀고리

마산옥은 대표적인 함성석입니다. 다양한 염료 기법으로 여러
가지 예쁜 컬러를 표현할 수 있어서 시중에 널리 퍼져
있습니다. 가격도 저렴할 뿐만 아니라 원석 느낌이 풍부하기
때문에 많은 사랑을 받고 있는 원석입니다. 주로 동그란 모양이
많고, 엔틱 재료와 함께 디자인하면 매우 고급스럽습니다.

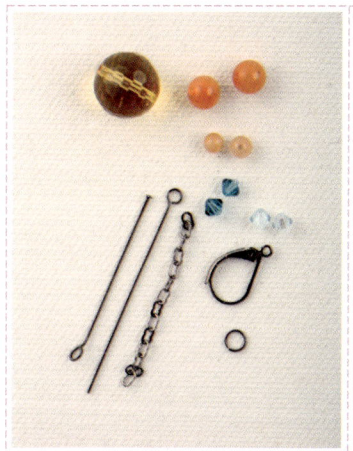

황수정 귀고리 만들기

구핀에 체인을 연결한 다음 구핀 연결고리를 이용하여 만듭니다. 크리스탈 인디콜라이트와 레이스풍의 의상을 연출하면 고급스럽고 내츄럴한 분위기가 됩니다.

구핀 연결고리 만들기

01 원석에 구핀을 끼워 구핀 연결고리를 다음과 같이 만듭니다.(구자집게로 연결고리 만드는 방법은 Part 1의 티핀, 구핀으로 연결고리 만들기를 참조하세요.)

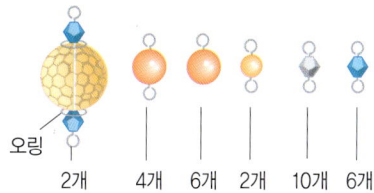

오링

2개 4개 6개 2개 10개 6개

02 구핀 연결고리를 모두 준비했으면 아래 순서대로 연결하여 수직 연결고리를 만듭니다.

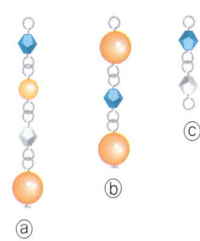

ⓒ

ⓐ ⓑ

모두 연결하기

03 도안처럼 수평 연결고리 만들 때 끼워둔 오링에 땅콩체인 9칸을 연결하고, 가운데에 ⓐ를 연결한 다음 수직 연결고리 ⓑ를 양쪽에 하나씩 연결합니다. 위쪽은 수직 연결고리 ⓒ 두 개를 모이 오링으로 연결하고 귀고리 훅을 달아줍니다.

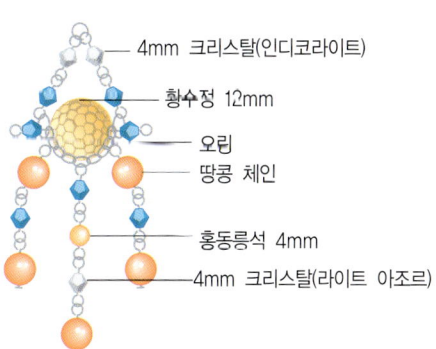

4mm 크리스탈(인디코라이트)

황수정 12mm

오링

땅콩 체인

홍동릉석 4mm

4mm 크리스탈(라이트 아조르)

04 아래 땅콩 체인에도 도안과 같이 수직 연결고리 ⓐ를 연결합니다. 제일 긴 수직 연결고리를 가운데 땅콩 체인에 연결하고 짧은 것은 양끝으로 연결합니다.

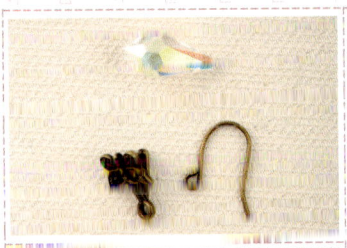

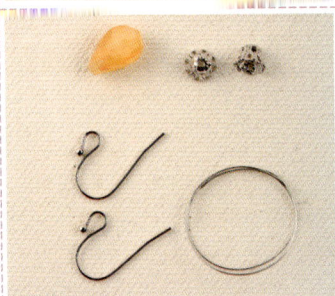

준비물

• **드롭 귀고리**
  드롭 크리스탈 2개
  나비 펜던트 고리 신주버니쉬 도금 2개
  귀고리 훅 신주버니쉬 도금 1쌍

• **카넬리언 물방울 귀고리**
  카넬리언 물방울 각옥 2개
  진주 종캡 2개
  비달론 아티스틱 와이어 실버 28G
    (0.32mm) 30Cm
  귀고리 훅 쌍

• 예상 제작 시간 : 20분
• DIY 예상 가격 : 3,500원
• 완제품 예상 가격 : 5,000원
• 난이도 : ★

드롭 귀고리 만들기

키넨리긴 밀빙솔 원식에는 아티스틱 와이어룩 말아서 엔티 종캡올 끼워 예쁜 귀고리를 맙는 수 있습니다. 처음에 맙들기는 약가 까다로은 수 있으기 외니지 꼬닐닝이 쓴에 익으면 매우 쉽습니다.

드롭 크리스탈 귀고리

01 나비 펜던트 고리를 드롭 크리스탈 위에 뚫린 구멍에 넣고 평집게로 살짝 눌러줍니다.

02 나비 펜던트 고리에 귀고리 훅을 달아주면 예쁜 크리스탈 귀고리 하나가 완성됩니다.

나비 펜던트 고리

드롭 귀고리

[옆면]   [앞면]

카넬리언 물방울 귀고리

01 카넬리언 물방울 각옥에 아티스틱 와이어 28G(0.32mm) 15cm를 잘라서 구멍에 끼웁니다. 두 줄을 합쳐서 진주 종캡을 끼우고 0.25cm 정도 띄워 구자말이 집게로 동그랗게 말아줍니다.

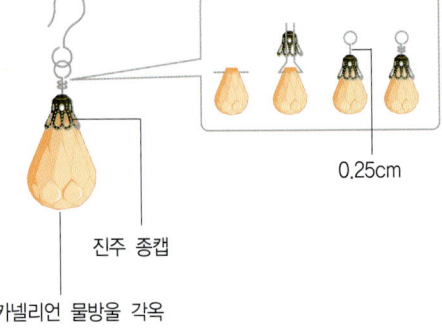

0.25cm

진주 종캡

카넬리언 물방울 각옥

02 0.25cm 와이어 목 부분을 남은 와이어로 3번 정도 감아줍니다. 다 감고 남은 와이어는 니퍼를 이용하여 잘라주고 깨끗이 정리합니다. 귀고리 훅을 달아주면 예쁜 귀고리가 완성됩니다.

원석 엔틱 귀고리 만들기

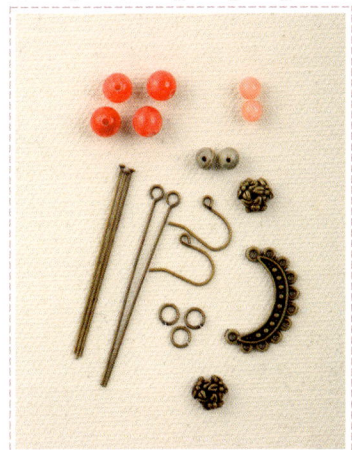

원석 엔틱 귀고리는 구핀을 이용하여 연결고리를 만들어 엔틱 장식에 연결해 주면 완성됩니다. 만드는 방법은 간단하지만 다양한 패션에 연출하여 착용할 수 있습니다.

연결고리 만들기

01 티핀에 엔틱 비즈캡을 끼우고, 호박만옥 진달래 6mm를 끼워 연결고리를 10개 만듭니다.
마산옥 핑크 4mm와 인화석 4mm는 각각 구핀 연결고리를 만들어 놓습니다.(구자집게로 구핀 연결고리 만드는 방법은 21쪽을 참조하세요.)

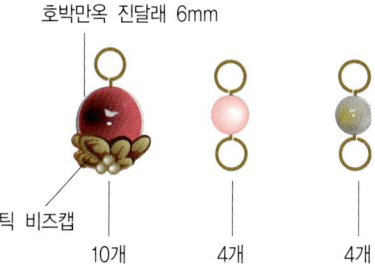

호박만옥 진달래 6mm

엔틱 비즈캡

10개   4개   4개

귀고리 완성하기

02 구핀, 티핀 연결고리가 모두 준비되었으면, 엔틱 왕비 케스팅에 달아 봅시다. 평집게로 티핀 연결고리를 살짝 벌려서 엔틱 왕비 케스팅의 아래 고리 9개 중 순서대로 1칸씩 띄워가며 5개를 달아줍니다.

03 원석을 끼운 구핀 연결고리는 도안처럼 위쪽에 인화석과 호박만옥을 2개씩 예쁘게 달아주면 됩니다. 연결고리를 끼울 때는 항상 연결해준 다음 다시 틈이 없도록 평집게를 이용하여 잘 다듬어 줍니다. 나머지 한쪽도 같은 방법으로 만들면 됩니다.

인화석 4mm

마산옥 핑크 4mm

호박만옥 진달래

엔틱 비즈캡

준비물

호박만옥 진달래 6mm 10개
마산옥 핑크 4mm 4개
인화석 4mm 4개
엔틱 비즈캡 00001 10개
구핀 신주버니쉬 도금(0.6*30mm) 8개
티핀 신주버니쉬 도금(0.6*30mm) 10개
오링 신주버니쉬 도금(0.6*3mm) 12개
엔틱 왕비 케스팅(연결장식) 2개
귀고리 훅 신주버니쉬 도금 1쌍

• 예상 제작 시간 : 20분
• DIY 예상 가격 : 5,800원
• 완제품 예상 가격 : 8,000원
• 난이도 : ★

11 공작의 꼬리처럼 기품 있는
공작석 샹들리에 귀고리

12 끽써니안 씽그빛의
로도클로시이트 귀고리

13 심플한 디자인의 신비스런
진파금 수정 귀고리

14 가볍고 내츄럴한
우드 귀고리

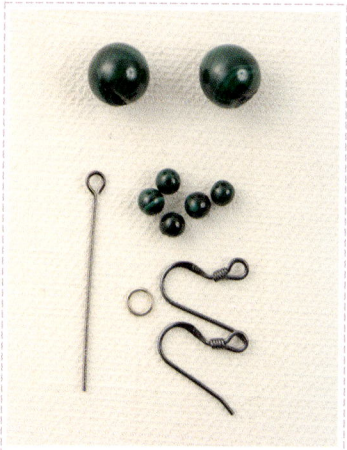

공작석 샹들리에 귀고리 만들기

구핀으로 원석들을 연결하여 짙은 초록빛의 칼라로 고상하고 로맨틱 스타일의 귀고리를 만들어 보겠습니다.

01 먼저, 구핀과 티핀 연결고리를 만듭니다.

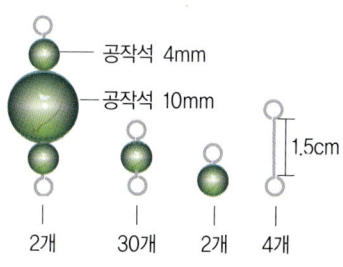

공작석 4mm
공작석 10mm

1.5cm

2개   30개   2개   4개

02 구핀 연결고리를 다 준비한 후 평집게로 구핀 연결고리를 벌린 다음 도안과 같이 연결합니다.

03 공작석 4mm 구핀 연결고리를 그림과 같이 5개 연결하여 첫 번째 줄을 만들고, 공작석 4mm 구핀 연결고리 8개를 연결하여 두 번째 줄을 만듭니다.

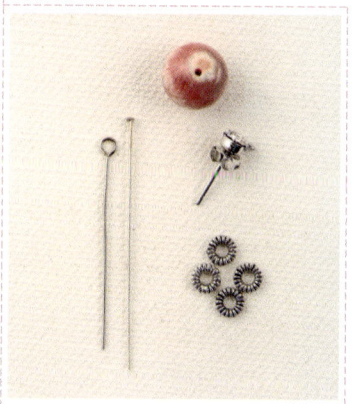

로도클로사이트 귀고리 만들기

01 티핀에 로도클로사이트 원석을 넣고 구핀 연결고리를 2개 만듭니다.
구핀에 메탈 론델 5개를 넣고 구핀 연결고리를 2개 만듭니다.(구자집게로 구핀 연결고리 만드는 방법은 Part 1의 티핀, 구핀 연결고리 만들기를 참조하세요.)

02 준비된 원석 연결고리를 연결한 후 귀고리 침을 달아주면 완성입니다.

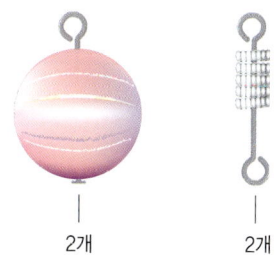

2개   2개

메탈 론델

로도클로사이트 10mm

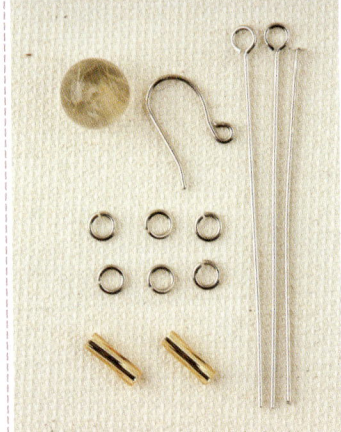

준비물

진파금 수정 8mm 2개
막대 비즈 금색 6개
순은 귀고리 1쌍(2개)
순은 티핀 0.6*30mm 6개
순은 구핀 0.6*30mm 2개

• 예상 제작 시간 : 20분
• DIY 예상 가격 : 5,300원
• 완제품 예상 가격 : 6,500원
• 난이도 : ★

진파금 수정 귀고리 만들기

천연 수정석이며, 수정서 안에 금빛 굴루늬늘이 머릿결 같은 형상을 지니고 있는 독특한 진파금 수정입니다. 원석 자체만으로도 고급스러우므로 심플한 디자인으로 수정석만을 돋보이게 제작합니다.

01 구핀에 진파금 수정을 넣고 구핀 연결고리를 2개 만듭니다.

03 준비된 막대 비즈 연결고리 3개를 진파금 수정 구핀 연결고리에 연결한 후 위쪽 고리에 귀고리 훅을 달아주면 완성됩니다.

02 티핀에 막대 비즈 1개를 넣고 티핀 연결고리를 6개 만듭니다.(구자집게로 구핀 연결고리 만드는 방법은 21쪽을 참조하세요.)

2개   2개

진파금 수정

막대 비즈

준비물

우드 비즈 긴 막대 12개
우드비즈 막대(소) 10개
구핀 신주버니쉬 도금 22개
오링 신주버니쉬 도금 18개
엔틱 그네 넝쿨 연결장식 2개
귀고리 신주버니쉬 도금 1쌍(2개)

• 예상 제작 시간 : 25분
• DIY 예상 가격 : 4,100원
• 완제품 예상 가격 : 6,000원
• 난이도 : ★★

우드 귀고리 만들기

구핀으로 연결하여 엔틱 장식에 달아주면 개성 있고 독특한 패션을 연출할 수 있습니다.

01 구핀에 우드 비즈 긴 막대 1개를 끼워 구핀 연결고리
를 12개 만듭니다. 구핀에 우드 비즈 막대(소)를 1개를 끼워
구핀 연결고리를 10개 만듭니다.

12개　　10개

02 구핀 연결고리를 모두 준비하였으면 오링을 이용하여 엔틱 그네 넝쿨 연결장식에 연
결하여 봅니다. 오링을 살짝 벌려 구핀 연결고리와 그네 넝쿨의 고리에 걸어주고 오링을 다
시 닫아줍니다. 도안과 같이 구핀 연결고리를 연결해주면 예쁜 귀고리 하나가 완성됩니다.

우드 비즈 긴 막대

우드 비즈 막대

PART 5

오리엔탈 스타일 반지 & 핀

01

지적인 이미지의
막대 비즈 크리스탈 반지

스왈롭스키 크리스탈 토파즈로 만든 반지는 사각 모티브 방식으로 단아합니다. 또한, 호박 톤의
보석 칼라는 편안함을 느끼게 하며 지적인 느낌을 줍니다.
교차와 통과 기법만으로 만들기 때문에 매우 쉽습니다. 크리스딜의 은은한 빛은 볼 때마다 기분이
좋아지므로 가끔 기분 전환이 필요할 때 크리스탈로 만든 액세서리를 착용하면 도움이 됩니다.

막대 비즈 크리스탈 반지 만들기

모티브 만들기

01 낚싯줄에 크리스탈 4mm 토파즈 4개를 끼우고, 네 번째 크리스탈에서 낚싯줄을 교차시킵니다.

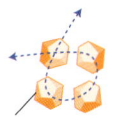

크리스탈 4mm 토파즈

02 왼쪽 낚싯줄에 크리스탈 6mm Lt 콜로라도 토파즈 1개, 막대비즈, 크리스탈 6mm Lt 콜로라도 1개를 끼우고 오른쪽 낚싯줄을 마지막에 끼운 크리스탈 6mm Lt 콜로라도 토파즈에 교차합니다. 도안과 같이 4각 모티브를 만듭니다.

03 왼쪽 줄에 크리스탈 3mm Lt 콜로라도 토파즈 1개를 끼우고 막대 비즈 1개를 통과합니다.(2번 더 반복) 마지막에 왼쪽에 크리스탈 3mm Lt 콜로라도 토파즈 1개를 끼우고 오른쪽 줄로 교차합니다.

준비물

주판알 3mm Lt 콜로라도 토파즈 4개
주판알 3mm 토파즈 2개
주판알 4mm 토파즈 4개
주판알 4mm Lt 콜로라도 토파즈 2개
주판알 6mm Lt 콜로라도 토파즈 4개
트위스트 막대 비즈 4개
크리스탈 축구볼 6mm 1개
시드 비즈(토파즈 계열) 약 50개
시드 비즈(레드 계열) 약 20개
낚싯줄(3호) 1m

• 예상 제작 시간 : 40분
• DIY 예상 가격 : 3,500원
• 완제품 예상 가격 : 7,500원
• 난이도 : ★★

줄 만들기

04 4mm Lt 콜로라도 토파즈를 왼쪽 줄에 1개 끼워 오른쪽 줄로 한 번 더 교차합니다. 반대편 3mm 크리스탈에서 교차하고, 4mm 크리스탈에서 다시 교차합니다. 이제 양쪽 줄에 시드 비즈를 도안과 같이 손가락 크기에 맞춰 끼웁니다.

05 양쪽 낚싯줄에 토파즈 계열 시드 비즈 5개를 끼우면서 도안처럼 만든 후 왼쪽 낚싯줄을 반대편 줄에 끼워져 있는 크리스탈 4mm Lt 콜로라도 토파즈에 동과한 후 오른쪽 낚싯줄과 함께 두 번 꽉 묶습니다. 두 번 묶은 후 낚싯줄은 바로 자르지 말고 도안처럼 비즈들을 다시 여러 번 통과한 후 자르면 낚싯줄 끝이 튀어나오지 않습니다. 이제 완성입니다.

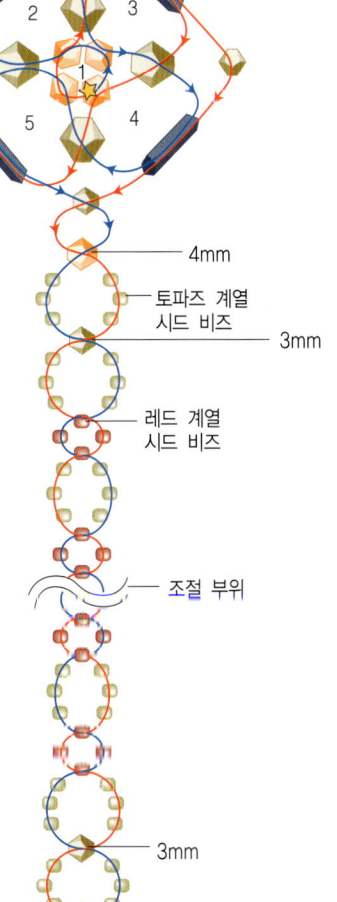

4mm
토파즈 계열 시드 비즈
3mm
레드 계열 시드 비즈
조절 부위
3mm
4mm

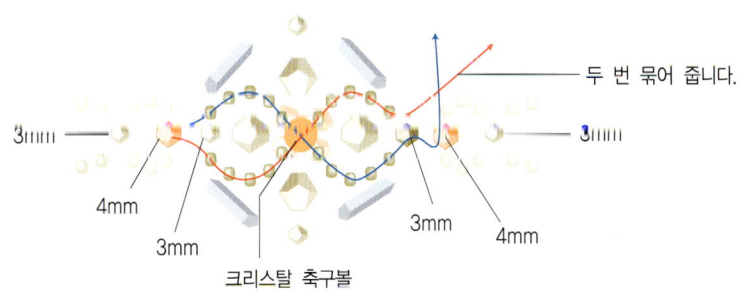

두 번 묶어 줍니다.

3mm
4mm
3mm
크리스탈 축구볼
3mm
4mm
3mm

02 진주 론델 반지

정장의 품격을 높여주는

스왈롭스키 크리스탈 진주와 주파악루 만든 블랙톡에 마시부리새 진주 반지는 매우 정갈한 분위기를 연출합니다. 블랙 톤의 의상에 매우 잘 어울리며 치마 정장 차림 시 착용하면 더욱 격조 있는 분위기를 연출합니다.

준비물

크리스탈 주판알 6mm 젯 6개
크리스탈 진주 10mm 아이보리 1개
큐빅 론델 5mm 6개
시드 비즈(실버 라인 0003-2) 약 20개
시드 비즈(블랙) 약 100개
낚싯줄 (3호) 120cm

• 예상 제작 시간 : 30분
• DIY 예상 가격 : 5,800원
• 완제품 예상 가격 : 12,000원
• 난이도 : ★★

진주 론델 반지 만들기

모티브 만들기

01 낚싯줄에 크리스탈 주판알 6mm 젯, 론델 골드 크리스탈 5mm를 도안처럼 모두 6개씩 끼웁니다. 오른쪽 낚싯줄로 맨 처음 끼운 크리스탈 주판알 6mm에 교차합니다.

02 두 줄을 모아 크리스탈 진주 10mm를 끼우고 반대편 크리스탈 주판알 6mm 젯에 교차해 줍니다.

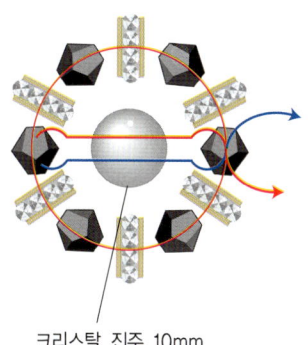

— 큐빅 론델 5mm

— 크리스탈 주판알 6mm 젯

— 크리스탈 진주 10mm

반지 줄 만들기

03 양쪽 줄에 시드 비즈(블랙)를 3개씩 넣고 시드 비즈(silver line 0003-2)를 왼쪽 줄에 1개 끼워 오른쪽 줄로 교차합니다. 10번 정도 반복한 후(손가락 사이즈에 맞게 조절하세요.) 맞은편 크리스탈 주판알 6mm 젯에 교차합니다.

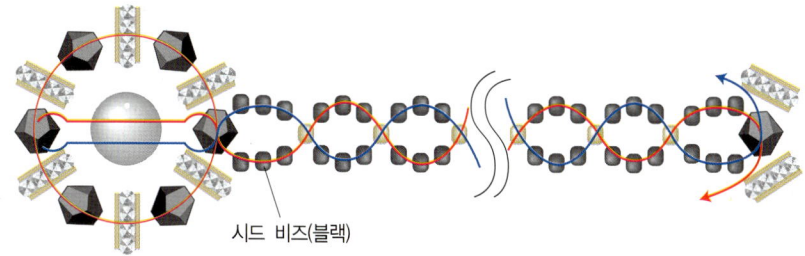

시드 비즈(블랙)

04 이제 양쪽 줄에 시드 2개를 넣고 도안처럼 시드 비즈 세 개를 끼웠던 씨드 중 가운데 있는 시느 비즈를 통과해주는 방식으로 반시팅을 완성합니다. 왼쪽 줄을 크리스탈 주판알 6mm 젯에 통과하고 두 줄을 만나게 하여 묶은 후 남은 낚싯줄을 반지 모티브에 되돌리기 해주면 예쁜 반지 하나가 완성됩니다.

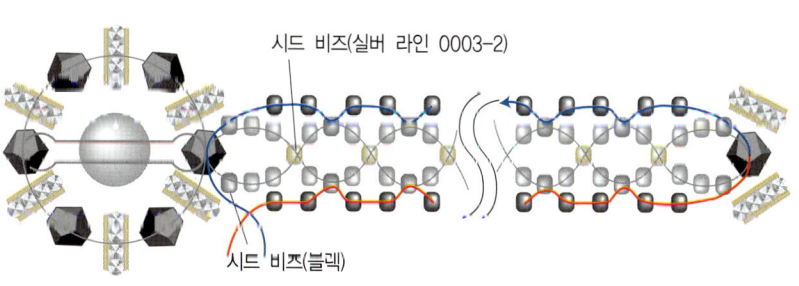

시드 비즈(실버 라인 0003-2)

시드 비즈(블렉)

03 체코 램프 옥색 반지

어른에게 선물하기 좋은 중후한 스타일의

램프 비즈(Lamp beads)는 사람이 손으로 하나하나 만든 비즈로 토치를
사용하여 유리를 녹여서 만듭니다. 정교한 손놀림으로 만든 체코 램프 비즈는
크리스탈 페리포트 사틴과 잘 어울려 중후한 멋을 느끼게 합니다.

체코 램프 옥색 반지 만들기

만드는 방법은 그리 어렵지 않지만, 시간이 조금 걸리는 경향이 있지만 만든 후 손가락에 착용해보면 아주 우아한 분위기를 연출합니다.

준비물

체코 램프 오벌 연비취 1개
크리스탈 주판알 4mm 올리바인 사틴 14개
담백석 4mm 14개
시드 비즈(펜시 칼라 4-0010-14) 약 200개
시드 비즈(레인보우 4-0008-10) 약 20개
낚싯줄 (3호) 2m

• 예상 제작 시간 : 1시간 30분
• DIY 예상 가격 : 8,690원
• 완제품 예상 가격 : 18,000원
• 난이도 : ★★

모티브 만들기

01 도안과 같이 모티브를 만듭니다.

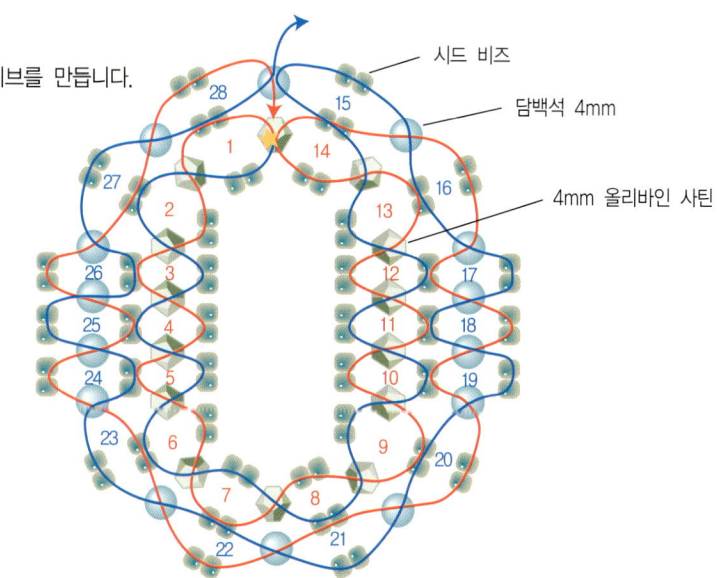

시드 비즈
담백석 4mm
4mm 올리바인 사틴

체코 램프 끼우기

02 왼쪽 줄은 파란 선을 따라 비즈를 통과시킨 후 체코 램프를 끼운 다음 비즈 몇 개를 더 통과시킵니다. 오른쪽 줄은 빨간 선을 따라 비즈를 통과시킨 후 체코 램프를 끼운 다음 비즈 몇 개를 더 통과시킵니다.

03 두 줄이 만나는 지점에서 두 번 묶은 다음 바로 자르지 말고 낚싯줄 끝이 튀어나오지 않도록 비즈들을 다시 어러 번 통과한 후 잘라줍니다.

04 반지 줄 시작 부분에 새로운 낚시줄 50cm를 끼워 93쪽의 진주로 델반지와 같이 만듭니다. 다만 시드 비즈는 펜시 칼라 4-0010-14와 중간 포인트의 색상 레인보우 4-0008-10으로 바꿔서 만듭니다.

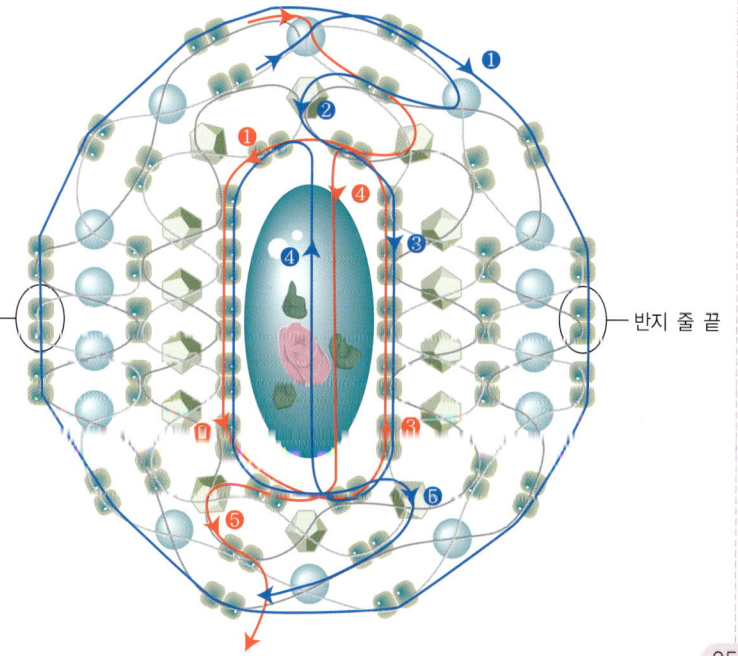

반지 줄 시작
반지 줄 끝

04 장미 반지

크리스탈 빛깔이 매혹적인

투명 장미 반지는 스왈롭스키 크리스탈의 은은한 빛이 매혹적이고,
블랙 장미 반지는 오닉스와 스와힐롭스키 크리스닐의 매치가 세련되어 보입니다.
이벤트가 있는 날 만들어서 선물하면 매우 기뻐할 거예요.

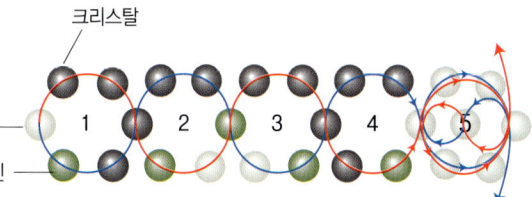

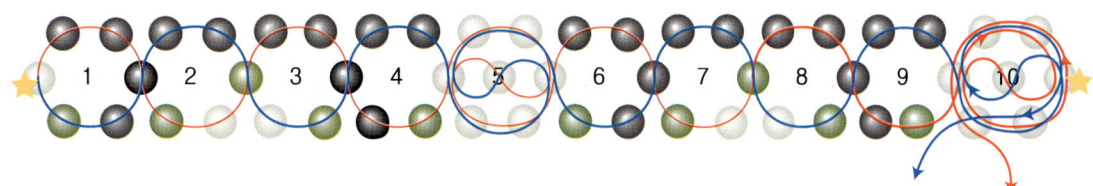

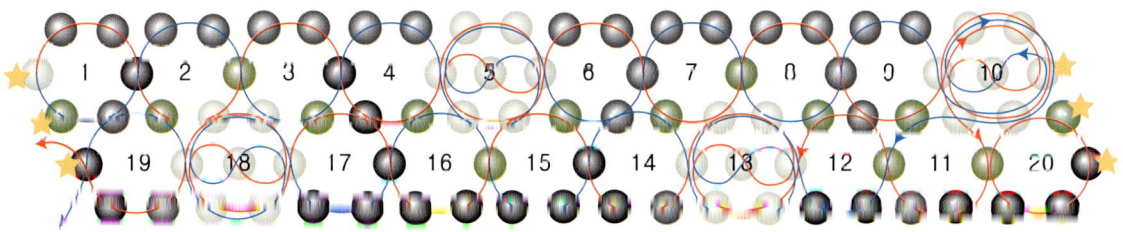

장미 반지 만들기

투명 장미 반지가 블랙 반지보다 작게 만들어지므로 모양이 더 예쁘게 보이지만, 손가락에 착용하기에는 블랙 반지가 더 편하답니다.

준비물

로즈 3mm 28개
올리바인 3mm 12개
크리스탈 3mm 44개
낚싯줄(3호) 120cm

• 예상 제작 시간 : 2시간
• DIY 예상 가격 : 6,000원
• 완제품 예상 가격 : 13,000원
• 난이도 : ★★

1단 만들기

01 낚싯줄에 도안과 같이 크리스탈을 끼워서 연결합니다.

크리스탈
로즈
올리바인

02 도안처럼 맞은편에 끼워져 있는 3mm 로즈에 또 교차한 후 양쪽 줄을 양방향으로 한 바퀴 돌린 후 도안처럼 맞은편 3mm 로즈에 또 다시 교차하여 나옵니다.(이 부분이 꽃봉오리가 되므로 되돌려 교차가 많습니다. 주의하여 만듭니다.) 1번에서 5번까지를 이어서 한 번 더 만들어 주되 10번의 ☆표시의 구슬은 1번의 ☆표시의 구슬과 같습니다. 그림에서 10번을 만들 때는 양쪽 줄에 3mm 로즈 2개씩 끼우고 1번의 3mm 로즈에 교차하여 꽃봉오리를 만들어 줍니다. 이세 띵이 만들어졌습니다.

2단 만들기

03 도안을 보며 11번에서 20번까지 색깔을 잘 맞추어 구슬들을 끼워 봅시다. 단 19번의 ☆표시도 1단을 만들 때처럼 그림 20번 위치의 ☆표시 비즈와 동일한 비즈입니다. 1번의 3mm 올리바인, 10번의 로즈 3mm, 11번의 올리바인을 통과한 후 3mm 크리스탈 2개를 끼웁니다. 이제 두 줄이 만나므로 두 번 묶어줍니다.

04 두 번 묶은 후 낚싯줄을 바로 자르지 말고 다른 비즈들을 다시 여러 번 통과한 후 자르면 낚싯줄 끝이 튀어나오지 않습니다. 이제 완성입니다.

05 오각 장미석 반지

독특하면서 이지적 느낌이 좋은

분홍색 또는 복숭아빛 석영을 로즈 쿼츠(장미 수정)라고 합니다.
반지줄에 사용된 메탈 비즈는 장미석과 잘 어울리지 않을 것 같은 색상이나 실제로 작품을
만들어 보면 독특하면서 이지적인 분위기로 매우 고급스럽습니다.

준비물

파이어 폴리쉬 4mm 6개
크리스탈 4mm 버건디 4개
장미석 3mm 15개
가넷 3mm 2개
시드 비즈(브론즈 4-0007-1) 약 100개
낚싯줄(2호) 1m 20cm

• 예상 제작 시간 : 1시간 30분
• DIY 예상 가격 : 4,000원
• 완세품 예상 가격 : 8,000원
• 난이도 : ★★

오각 장미석 반지 만들기

반지 줄을 만들 때 곡선 형태의 웨이브가 연출되도록 변형하면 전체적인 곡선미가 아주 아름답습니다.

반지 모티브 만들기

01 도안 1번의 위치한대로 낚싯줄에 시드 비즈 5개를 끼우고, 마지막 시드 비즈에 오른쪽 낚싯줄로 교차합니다. 19번까지 도안대로 만들면 모티브가 완성됩니다.

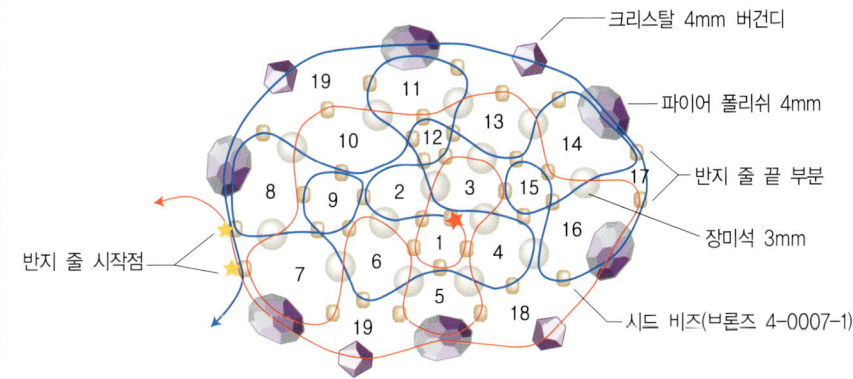

반지 줄 만들기

02 반지 링 시작 지점의 시드 비즈에서 양쪽에 시드 비즈 2개씩 끼우고 가넷 3mm를 끼워 교차합니다. 양쪽에 시드 비즈 3개씩 끼우고 시드 비즈 2개를 왼쪽 줄에 끼우면서 오른쪽 줄로 교차합니다. 손가락 크기에 따라 5~6번 반복합니다. 양쪽에 대칭되도록 만들어 줍니다.

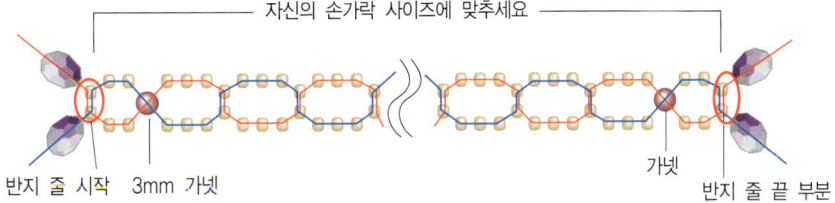

03 도안의 시작 부분에서 왼쪽 줄부디 피이어 폴리쉬, 크리스탈, 파이어 폴리쉬, 크리스탈을 통과하고 시드 비즈 7개를 끼웁니다. 그리고 3번, 4번, 5법을 지그재그로 다시 통과한 후 파이어 폴리쉬, 크리스탈, 파이어 폴리쉬, 크리스탈을 통과하고 시드 비즈 7개를 끼웁니다. 오른쪽 시작 부분에서 오른쪽 줄도 왼쪽 줄과 똑같이 하고 왼쪽 줄과 만나 두 번 묶고 다른 비즈들을 여러 번 통과한 후 낚싯줄 끝이 튀어나오지 않도록 자릅니다. 이제 완성입니다.

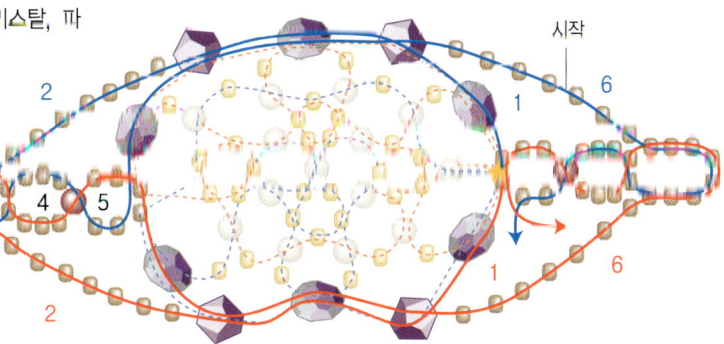

06 담수 진주핀

뒷모습을 더욱 품위 있게 해주는

담수 진주는 주로 민물에서 자라는 양식 진주입니다.
주로 일반 액세서리 용품에 많이 사용되는 진주죠.
진주의 영롱한 빛은 뒷모습을 더욱 예뻐 보이게 합니다.

담수 진주핀 만들기

핀대에 낚싯줄 묶기

01 낚싯줄을 반 접어서 도안처럼 핀대 뒤쪽의 구멍에 아래에서 위로 올려 아티스틱 와이어가 둥근 고리가 되면 그 사이로 와이어의 끝을 통과시켜 당깁니다.

02 낚싯줄을 다시 구멍으로 끼워 두세 번 옆으로 감은 후 핀대의 좌우로 줄이 오게 합니다.

03 ⓐ 도안처럼 왼쪽 낚싯줄에 시드 비즈 1개, 댄싱 진주 1개, 시드 비즈 1개를 끼워서 오른쪽 줄로 교차합니다. ⓑ 도안처럼 핀대에 붙인 후 양쪽 낚싯줄을 핀대를 2바퀴씩 돌립니다. ⓒ 도안처럼 이번에는 댄싱 진주 1개, 시드 비즈 1개, 댄싱 진주 1개를 교차한 후 핀대 밑에서 1번 교차합니다. ⓐ, ⓑ, ⓒ 모두를 8번 반복한 후 ⓐ를 한번 더 해줍니다.

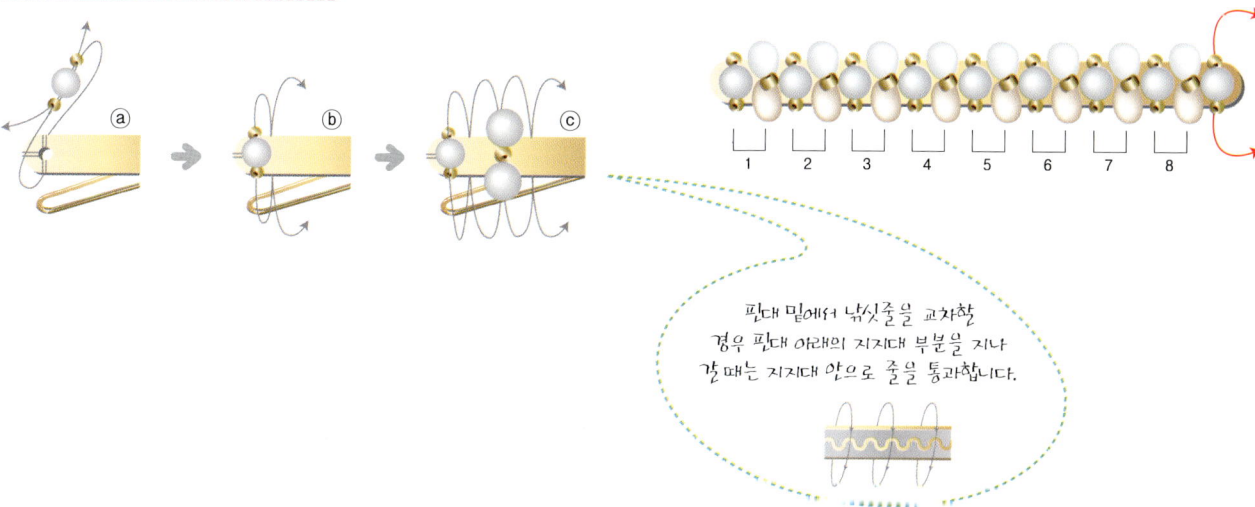

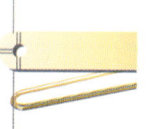

핀대 밑에서 낚싯줄을 교차할 경우 핀대 아래의 지지대 부분을 지나갈 때는 지지대 안으로 줄을 통과합니다.

04 양쪽 줄을 핀대 밑에서 한 번 교차한 후 핀대 구멍으로 집어넣어 두세 번 감은 후 다시 양쪽 줄을 되돌려 감아서 핀대의 뒤쪽 구멍을 감아줍니다. 그리고 두 줄을 두 번 묶고 낚싯줄을 잘라 본드를 칠합니다.

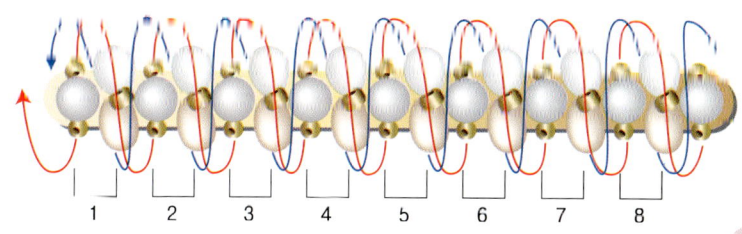

07

5각 모티브를 연결한 꽃 모양의 웨이브 핀

어슷 오각핀

모티브를 다 만들고 핀대에 붙이는 방식이며 실제로
머리에 꽂으면 아주 고급스럽습니다.

어슷 오각핀 만들기

스왈롭스키 크리스탈과 시드 비즈로 만들어진 이 작품은 모티브 하나를 만드는 방법으로 서로 이슷 연결하여 웨이브가 이루어지게 만들어 줍니다.

오각핀 만들기

준비물

크리스탈 주판알 4mm 올리바인 21개
크리스탈 주판알 3mm 토파즈 25개
시드 비즈(4-0010-14) 75개
핀대 금 도금 6cm 1개
낚싯줄(3호) 3m

• 예상 제작 시간 : 1시간 30분
• DIY 예상 가격 : 4,620원
• 완제품 예상 가격 : 10,000원
• 난이도 : ★★★★

01 왼쪽 줄에 시드 비즈 5개를 끼우고 마지막 시드 비즈에 오른쪽 줄을 교차합니다.

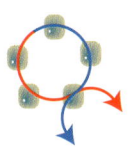

02 도안과 같이 오각 모티브를 만듭니다.

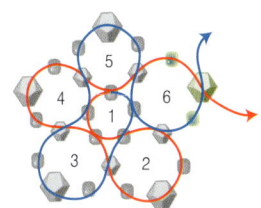

03 오각 모티브를 만드는 방법대로 4개의 모티브를 이어서 만듭니다.

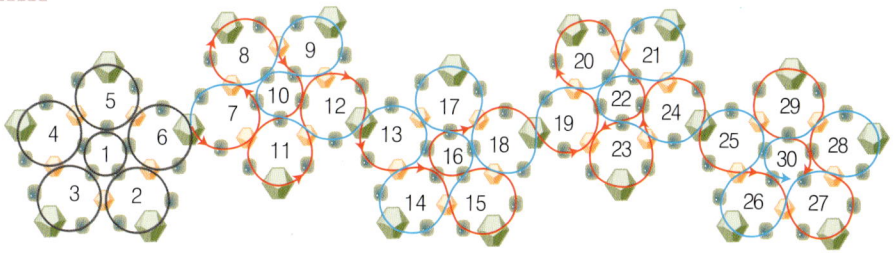

04 위 도안의 순서대로 30번까지 만든 후 아래 도안의 위치로 낚싯줄을 통과해 빼줍니다.

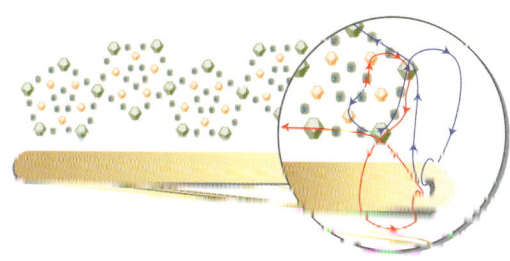

05 도안처럼 양쪽 시드 비즈로 양쪽 줄을 통과시켜 크리스탈 주판알 4mm 올리바인에서 교차한 후 양쪽 줄 모두 핀대를 한 번씩 감고 외곽의 비즈들을 통과합니다.(4곳 모두 핀대를 감아줍니다.)
e 지점의 끝 부분에 와서는 양쪽 줄을 핀대 구멍에 두세 번 감아 낚싯줄을 자른 후 자른 부분에 비즈용 접착 본드를 칠합니다.

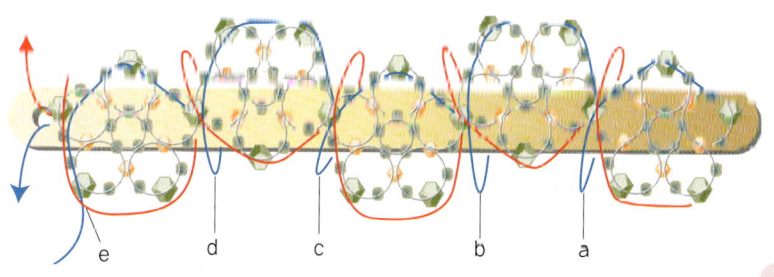

08 캣츠아이 플라워핀

그리스 여신의 고혹적 매력을 닮은

캣츠아이란 알랙산드라이트와 같은 크리소베릴의 변종으로 결정 형태는 사방 정계이며, 내부적 견사 조직이나 관상 조직이 발달하였으며, 한 줄의 변채광이 나타나는 희귀한 보석입니다. 변색과 변채가 동시에 나타나는 캣츠아이 알랙산드라이트는 매우 귀하며 크리소베릴 중 가장 가치가 높답니다.

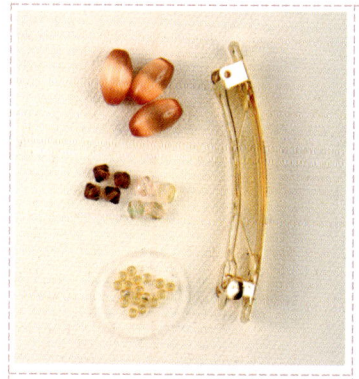

캣츠아이 플라워핀 만들기

만드는 방법은 약간 복잡하시만 끈기를 가지고 완성해 착용해보면 뿌듯함을 느낄 수 있을거예요. 이 핀의 모티브 기법을 잘 이해하면 다른 어려운 도안들도 이해하는데 도움이 됩니다. 여러 가지 교차, 통과 기법이 적절하게 골고루 사용된 예제입니다.

모티브 만들기

준비물

크리스탈 스모키 토파즈 4mm 38개
파이어 폴리쉬(10024) 4mm 36개
캣츠아이(7*12) 오벌형 3개
시드 비즈(4-0003-2) 골드 36개
핀대 금도금 6cm 1개
낚싯줄(2호) 5m

• 예상 제작 시간 : 2시간
• DIY 예상 가격 : 7,200원
• 완제품 예상 가격 : 22,000원
• 난이도 : ★★★★★

01 낚싯줄 1m 50cm를 자른 다음 시드 비즈 1개를 끼우고, 두 줄을 모아 크리스탈 스모키 토파즈 4mm를 1개를 끼운 다음 왼쪽 줄에 파이어 폴리쉬 1개를 끼워 오른쪽 줄로 교차합니다.

02 오른쪽 줄에 파이어 폴리쉬 1개, 스모키 토파즈 4mm를 1개 끼운 다음 처음에 끼웠던 시드를 통과하고 왼쪽 줄에 파이어 폴리쉬 1개, 스모키 토파즈 4mm를 1개 끼워 오른쪽 줄로 교차합니다.

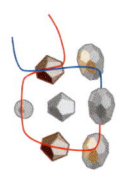

04 오른쪽 줄에 스모키 토파즈 4mm를 3개 끼우고 3번째의 스모키 토파즈 4mm 1개에 왼쪽 줄을 교차합니다. 왼쪽 줄에 파이어 폴리쉬 1개, 스모키 토파즈 4mm를 1개 끼우고 오른쪽 줄에 시드 비즈 1개를 끼웁니다. 그리고, 왼쪽 줄의 마지막에 끼웠던 스모키 토파즈 4mm를 1개에 교차합니다. 이렇게 4번 반복합니다.

03 왼쪽 줄에 시드 비즈 1개, 스모키 토파즈 4mm를 1개 끼우고 오른쪽 줄에 화이어 폴리쉬 1개를 끼워서 왼쪽 줄의 마지막에 끼웠던 스모키 토파즈 4mm를 1개에 교차합니다.(5번 반복합니다.)

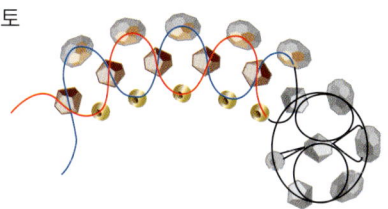

시드 비즈
스모키 토파즈 4mm
파이어 폴리쉬

05 왼쪽 줄에 파이어 폴리쉬 1개를 끼우고, 오른쪽 줄에 시드 비즈 1개를 끼워서 [...] 스모키 [...] 4mm에 교차하며, 그런 다음 양쪽 줄을 되돌려 통과하여 그린이 a지점으로 교차합니다.

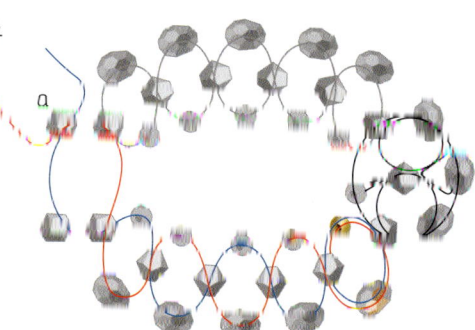

06 한 번 더 반복합니다. 도안처럼 만든 후 c지점에서 두 번 묶은 후 낚싯줄을 바로 자르지 말고 비즈들을 다시 여러 번 통과한 후 자르면 낚싯줄 끝이 튀어나오지 않습니다.

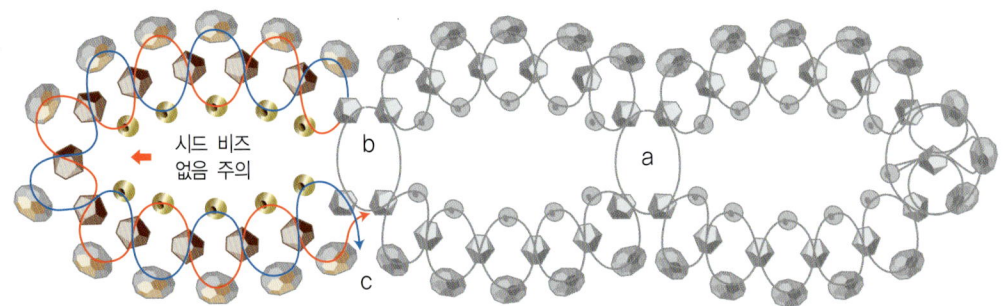

캣츠아이 끼우기

07 낚싯줄 1m를 새로 자른 후 도안처럼 끼운 후 시드 비즈에서 교차합니다. 두 줄을 모아 시드 비즈 1개, 캣츠아이 1개, 시드 비즈 1개씩 끼우고 도안처럼 양쪽 줄을 돌린 후 반복해서 3번째 캣츠아이, 시드 비즈까지 양쪽 줄을 통과합니다.

08 두 줄을 바로 앞의 이미 끼워져 있는 스모키 토파즈 4mm를 1개를 통과한 후 파이어 폴리쉬 1개를 왼쪽 줄에 끼워 오른쪽 줄로 교차합니다.

그런 다음 도안처럼 비즈들을 통과한 후 두 줄이 만나면 두 번 묶은 후 비즈들을 여러 번 통과하여 낚싯줄을 잘라줍니다.

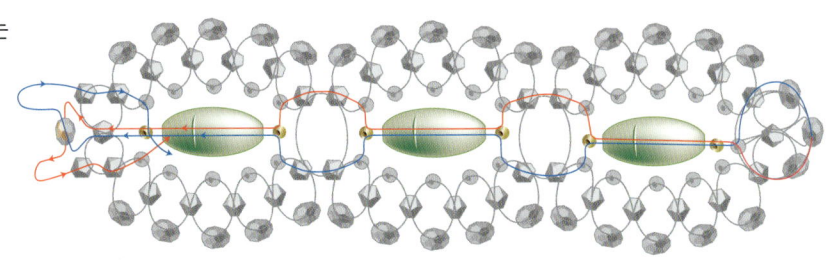

핀대에 연결하기

09 낚싯줄 1m를 새로 자른 후 도안처럼 모티브의 크리스탈과 파이어 폴리쉬를 통과하면서 핀대를 엮어주고 크리스탈과 파이어 폴리쉬를 통과하고 핀대를 엮어줍니다.

도안의 규칙대로 통과 → 핀대 묶음 → 통과 → 핀대 묶음을 해주면 튼튼합니다.

만든 후 핀대 틀이 움직일 수도 있으니 핀대와 모티브 사이에 본드를 4곳 정도에 떨어뜨려줍니다.

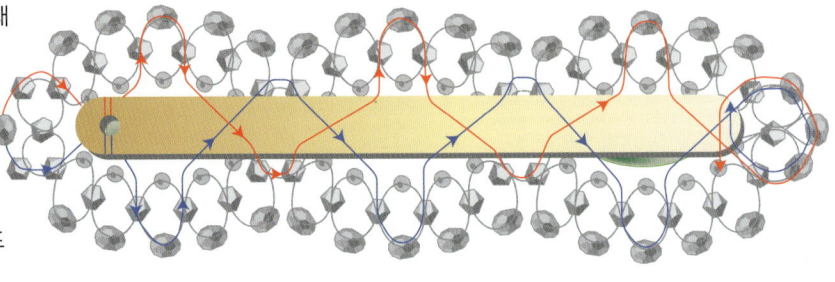

09 고급스러운 자연 진주핀

화려한 금빛 진주가 어우러진

주로 민물에서 자라는 진주를 담수 진주라고 합니다. 화려한 금빛과 특이한 모양의 조화가
아름다운 디자인의 핀입니다.

준비물

자연 물방울 진주 골드 12개
크리스탈 진주 골드 6mm 10개
호박만옥 노란색 6mm 8개
크리스탈 하트 AB 10×13 3개
크리스탈 플라워 6mm 5개
핀대(대) 금도금 10cm 1개
비달론 아티스틱 와이어 금색 28G(0.32mm) 3m
비달론 아티스틱 와이어 금색 20G(0.8mm) 2m

• 예상 제작 시간 : 2시간
• DIY 예상 가격 : 12,000원
• 완제품 예상 가격 : 38,000원
• 난이도 : ★★★★

고급스러운 자연 진주핀 만들기

아티스틱 와이어가 자연스럽게 노출되게 만듭니다. 진주로 꽃송이를 만들 듯이 진주들을 세우고 그 사이에 크리스탈 하트 모양을 끼웁니다. 전체적으로 금빛의 광채가 두드러져 보는 것만으로 마음이 밝아집니다.

와이어로 받침대 만들기

01 아티스틱 와이어 금색 20G(0.8mm)를 둥근 모양의 볼펜을 이용하여 25번 정도 감은 후 자릅니다.

02 핀대의 양쪽 끝 고리에 한 번 감아 반드시 핀대 위로 올려서 스프링처럼 감은 아티스틱 와이어에 두세 번 꼬아서 고정한 후 스프링이 뜨지 않도록 손으로 어슷하게 누르면서 핀대에 납작하게 붙입니다. 반대쪽도 같은 방법으로 고정시킵니다.

03 아티스틱 와이어 금색 28G(0.32mm) 3m를 반 접어서 도안처럼 핀대 뒤쪽의 구멍에 아래서 위로 올려 아티스틱 와이어 둥근 고리가 되면 그 사이로 와이어의 끝을 통과시켜 당깁니다.

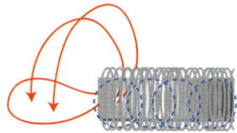

1단 만들기

04 아티스틱 와이어 왼쪽 줄에 자연 물방울 진주 골드를 1개 끼운 후 오른쪽 줄로 교차합니다.

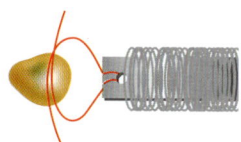

05 양쪽 줄에 자연 물방울 진주를 1개씩 끼우고 왼쪽 줄에 하나 더 끼워 오른쪽 줄로 교차합니다.

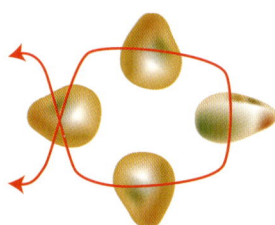

06 핀대 위에 교차된 자연 진주를 붙이고 와이어 줄을 핀대 아래에서 한 번 교차하고 위로 올립니다.

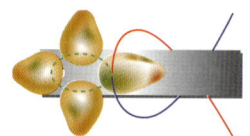

07 왼쪽 줄에 호박미옥 노란색 1개를 끼우고 오른쪽 줄로 교차한 후 양쪽 끝에 크리스탈 진주 골드 10mm를 끼우고, 왼쪽 줄에 호박만옥 노란색 1개를 끼워 오른쪽 줄로 교차합니다.

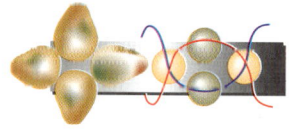

08 왼쪽 줄에 호박만옥 노란색 1개, 크리스탈 진주 골드 10mm 1개를 끼웁니다. 오른쪽 줄에는 크리스탈 진주 골드 10mm를 1개 끼워서 왼쪽 줄의 마지막에 끼운 크리스탈 진주 골드 10mm에 교차합니다. 와이어 줄을 핀대 아래에서 한 번 교차하고 위로 올립니다.

09 도안처럼 1~5번까지 3번 반복합니다.(3번째에서는 크리스탈 진주 골드와 호박만옥을 4개 만들어 주면 됩니다.)

10 양쪽 와이어 줄을 핀대 아래에서 교차하고 위로 올려 핀대 구멍을 두 번 정도 감습니다.

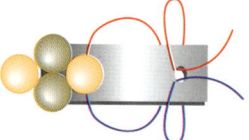

2단 만들기

11 와이어를 다시 핀대 아래쪽에서 교차하여 위로 올립니다. 왼쪽 줄과 오른쪽 줄을 도안을 참조하여 자연스럽게 만듭니다. 플라워 크리스탈은 원석 위에 자리잡고 크리스탈 하트는 자연 진주 안에 자리를 잡아 핀대를 감아서 고정시켜 줍니다. 도안의 갯수대로 플라워 크리스탈과 하트의 자리를 잘 잡아주고 핀대를 두세 번 감고 스프링 와이어 받침대 틈으로 서너 번 교차한 후 꼬아주면 마무리됩니다.

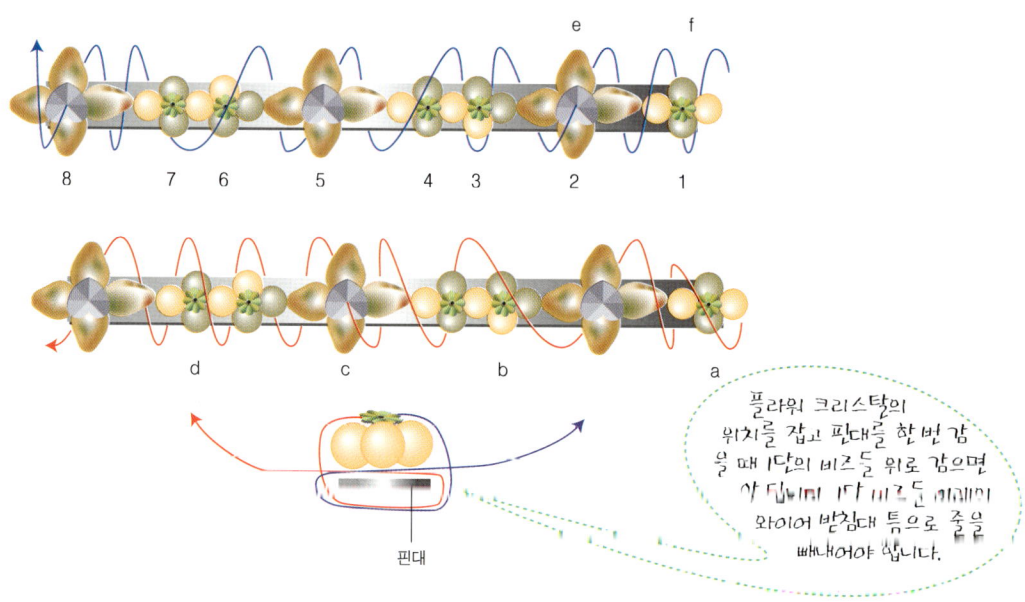

플라워 크리스탈의 위치를 잡고 핀대를 한 번 감을 때 1단의 비즈를 위로 감으면 안 됩니다. 1단 비즈는 아래의 와이어 받침대 틈으로 줄을 빼내어야 합니다.

핀대

PART 6

목선이 살아나는
독특한 스타일의 천연석 목걸이

01 체코 램프 비즈 체인 목걸이

심플하면서 럭셔리한

램프 비즈(Lamp beads)는 사람이 손으로 하나하나 만든 비즈로 토치를 사용하여 유리를 녹여서 만든답니다.
비즈 자체가 고급이기 때문에 디자인이 심플하여 어떤 의상에도 무난히 잘 어울립니다.

체코 램프 비즈 체인 목걸이 만들기

연결고리 만들기

01 구핀에 원석들을 끼워 연결고리를 먼저 만들어 놓으세요.

진주캡 납작

나비 펜던트
연결고리

체코 램프 비즈
(오벌 보라)

시드 비즈

2개 1개 2개 2개 6개 3개

02 이제 구핀 연결고리 만든 것을 오링을 이용하여 연결합니다.

2개 2개 1개
ⓐ   ⓑ   ⓒ

준비물

체코 램프 비즈(오벌 보라) 3개
호박만옥 진달래 6mm 6개
8mm 체코 램프 금펄 원형 2개
10mm 체코 램프 금펄 원형 2개
시드 비즈(4-0007-1) 10개
나비 펜던트 연결고리 3개
BL 체인 백금 도금 1m
오링(0.6 * 2mm) 20개
오링(0.8 * 3mm) 2개
구핀(0.6 * 30mm) 백금 도금 15개
티핀(0.6 * 30mm) 백금 도금 1개
진주캡 납작 백금 도금 2개

• 예상 제작 시간 : 2시간
• DIY 예상 가격 : 26,600원
• 완제품 예상 가격 : 35,000원
• 난이도 : ★★

목걸이 줄 만들기

03 ⓒ의 연결고리에 ⓐ의 체코 램프 오벌 연결고리를 오링을 벌려서 서로 연결합니다. BL 체인 5~6cm를 잘라서 체인의 고리와 ⓐ의 나비 펜던트 연결고리를 연결합니다.

04 체인 위쪽에 ⓑ를 연결합니다. ⓑ의 위쪽 마산옥 연결고리에는 BL 체인 10cm를 잘라 오링을 연결하여 줍니다. 반대편도 똑같이 체인과 연결고리를 오링을 이용하여 연결합니다.

05 이제 자연스럽게 양쪽 체인 끝의 오링을 벌려서 늘이게 체인과 랍스터를 연결합니다. 목걸이가 완성되었습니다.

늘이게 체인
오링
BL 체인10cm
호박만옥 진달래 6mm
10mm 체코 램프 금펄 원형
랍스터
오링
BL 체인 5~6cm
체코 램프 오벌 보라
나비 펜던트 연결고리
8mm 체코 램프 금펄 원형

02 담수 진주 체인 목걸이

영롱한 빛의 담수 진주가 럭셔리한

담수진주는 해수진주보다 진주가 만들어지는 게 빠른 대신 진주의 모양이 짱구가 많이 있고 가격도 저렴합니다. 또한 아주 정교한 진주도 만들어지기도 하는데 그러한 진주는 해수진주 못지않게 가격이 고가입니다. 진주는 아주 섬세한 빛깔, 줄무늬의 차이에 따라 가격이 천차만별입니다. 담수 진주는 중급 정도의 진주이며 가격면에서나 품질에 있어서 많이 선호하는 종류의 진주입니다.

담수 진주 체인 목걸이 만들기

준비물

크리스탈 주판알 4mm Lt 아메지스트 사틴 22개
담수 진주 6mm(핑크 연보라) 13개
일반 체인 백금 도금 42cm
랍스터 백금 도금 1개
늘이게 체인 백금 도금 1개
오링 백금 도금(0.6*3mm) 2개
구핀 백금 도금(0.6*30mm) 6개
티핀 백금 도금(0.6*30mm) 17개

• 예상 제작 시간 : 1시간 30분
• DIY 예상 가격 : 11,600원
• 완제품 예상 가격 : 19,500원
• 난이도 : ★★★

목걸이 줄 만들기

01 구핀에 원석들을 끼워 연결고리를 먼저 만들어 놓으세요.

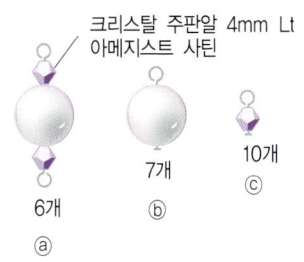

크리스탈 주판알 4mm Lt
아메지스트 사틴

6개
ⓐ

7개
ⓑ

10개
ⓒ

02 5cm 체인 1개, 3cm 체인 4개를 준비합니다. 5cm 체인을 중심으로 양끝에 a의 담수진주 구핀 연결고리를 체인에 달아줍니다.(고리를 벌려서 단 다음에는 반드시 평집게로 벌어진 틈을 막아줍니다.)

04 이제 남은 8cm 체인을 달아주면 됩니다. 이제 오링을 연결하고 뒷장식을 달아주면 목걸이의 기본 틀이 완성됩니다.

03 그 다음 양쪽의 ⓐ 담수 진주 구핀 연결고리에 체인 3cm를 달아주고, 또 담수 진주 구핀 연결고리를 단 후 체인 3cm를 또 연결하고, ⓐ 담수 진주 구핀 연결고리를 달아줍니다.

연결고리로 장식하기

05 위의 기본 틀에 티핀 연결고리를 달아줍니다. 먼저 맨 앞쪽의 체인 5cm 중심에 도안 ⓑ를 연결하고 전체 도안처럼 순서대로 만들어 놓은 연결고리를 순서대로 달아줍니다. 크리스탈 옆 1cm를 띄우고 ⓑ 담수 진주 티핀 연결고리를 달아줍니다.

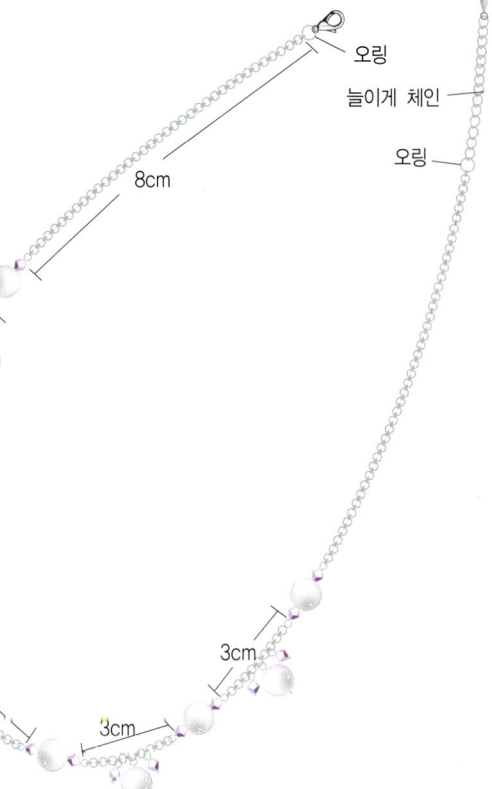

오링
늘이게 체인
오링
8cm
3cm
3cm
5cm
3cm
3cm

03 신비스러운 구성의
디자인 체인 자수정 세트

자수정(amethyst)과 투명한 자주색 계통의 석영(quartz)은 가장 일반적인 유색 천연석 중의 하나입니다.
고대에는 해나 달의 궤도를 새겨 넣으면, 독약에 의한 죽음으로부터 보호된다고 믿었었답니다.
신비스러운 보라색 자수정과 진주의 영롱한 빛이 어우러진 목걸이는 보기보다는 착용하였을 때
화려하고 아름답습니다.

디자인 체인 자수정 목걸이 만들기

연결고리 만들기

01 연결고리를 먼저 만들어 놓으세요.

크리스딜 6mm   크리스탈 4mm

반진주

7개   5개   6개   6개
ⓐ   ⓑ   ⓒ   ⓓ

크리스탈 진주

02 보라 각진 물방울 자수정은 아티스틱 와 이어로 연결고리를 만듭니다.

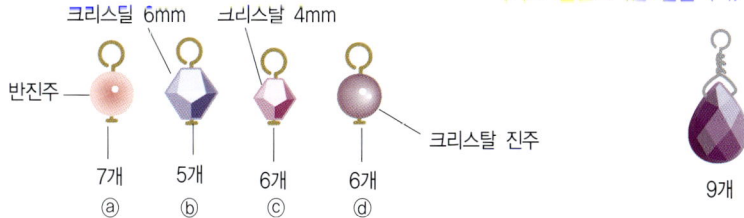

9개

03 다음과 같이 오링을 준비해서 모티브 연결고리를 만들어 놓습니다.

ⓐ ⓒ ⓓ   ⓐ ⓓ   ⓓ ⓐ   ⓐ ⓓ
                ⓑ   ⓒ ⓓ
                                              ⓑ

e   f   g   h
2개   4개   2개   1개

준비물

보라 각진 물방울 자수정 9개
크리스탈 6mm 탄자나이트 5개
크리스탈 4mm 아메지스트 AB 2x 6개
반진주 6mm 7개
크리스탈 진주 6mm 6개
디자인 체인 60cm
오링 신주버니쉬 도금(0.6*3mm) 18개
티핀 신주버니쉬 도금(0.6*30mm) 34개
랍스터 신주버니쉬 도금 1개
늘이게 체인 신주버니쉬 도금 1개
비달론 아티스틱 와이어 28G(0.32mm) 금색 1.5m

• 예상 제작 시간 : 2시간
• DIY 예상 가격 : 22,700원
• 완제품 예상 가격 : 36,000원
• 난이도 : ★★

목걸이 줄에 모티브 연결하기

04 디자인 체인 정 가운데의 체인 오링에 h의 오링을 벌려서 달아줍니다. 디자인 체인 정 중앙에 오링을 중심으로 나머지 모티브를 달아줍니다.

05 목걸이 길이는 조절하여 체인 오링을 기준으로 잘라준 후 오링을 연결하고 뒷장식을 달아줍니다. 반대편도 똑같이 달아 주면 예쁜 디자인 체인 자수정 목걸이가 완성됩니다.

랍스터
오링

모티브 f
크리스탈 6mm
1칸
모티브 g
2칸
모티브 f
모티브 e
3칸
모티브 h

귀고리 만들기

01 디자인 체인 오링을 중심으로 체인 오링 3칸 2.8cm 자릅니다. 오링을 살짝 벌려 자수정, 반진주, 크리스탈 진주, 크리스탈 4mm 아메지스트 AB 2x를 끼우고 체인 오링에 같이 연결하여 오링을 닫아줍니다.

02 2번째 체인 오링에는 오링을 살짝 벌려 반진주와 크리스탈 6mm 탄자나이트를 끼우고 체인 오링에 같이 연결하여 오링을 닫아줍니다. 3번째 체인 오링에 귀고리 고리를 연결하면 멋진 귀고리가 완성됩니다.

크리스탈 6mm
반진주
크리스탈 진주
크리스탈 4mm
오링
물방울 자수정

준비물

각진 물방울 자수정 2개
크리스탈 6mm 탄자나이트 2개
크리스탈 4mm 아메지스트 2x 2개
반진주 6mm 4개
크리스탈 진주 6mm 2개
디자인 체인 10cm
오링 신주버니쉬 도금 18개
비달론 아티스틱 와이어 28G(0.32mm) 금색 30cm
귀고리 훅(중) 2개

고급스러운 엔틱 수재와 크리스탈의 절묘한 조화

크리스탈 모티브 목걸이

준비물

크리스탈 도라도 2X 3mm 78개
크리스탈 축구볼 8mm 라이트 콜로라도 토파즈 2개
십자 엔틱 36개
시드 비즈(4-0007-1) 12개
축구볼 8mm 2개
인조 가죽줄(세 줄 꼬임) 50cm
가죽줄 팁 니켈 도금 1쌍(2개)
오링(0.8 * 3mm) 니켈 도금 2개
구핀(0.6 * 30mm) 니켈 도금 2개
늘이게 체인 니켈 도금 1개
랍스터 니켈 도금 1개
체인 백금 도금 10cm
원통 연결고리 1개

• 예상 제작 시간 : 3시간 30분
• DIY 예상 가격 : 14,900원
• 완제품 예상 가격 : 32,000원
• 난이도 : ★★★★★

크리스탈 모티브 목걸이 만들기

원통 모티브 짜기

01 도안과 같이 순서대로 비즈를 연결시킵니다.

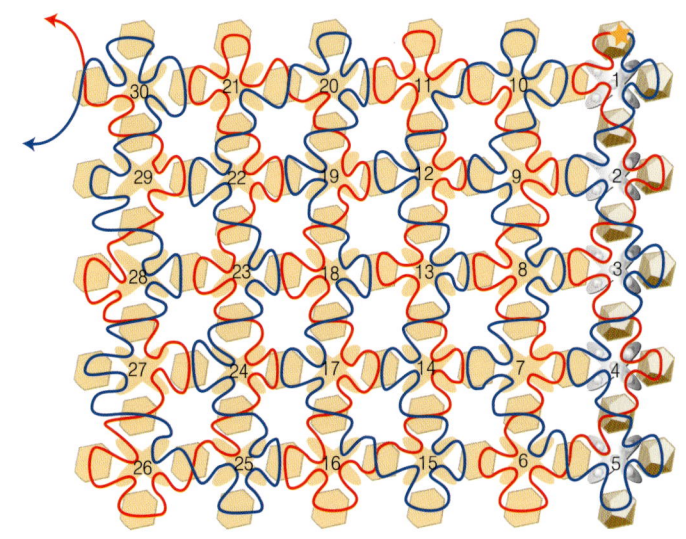

02 십자 엔틱을 끼우고 도안처럼 통과 후 크리스탈 3mm를 끼우고 도안처럼 1번의 크리스탈 3mm를 통과하면서 도안대로 35번까지 만듭니다.

03 교차된 낚시줄을 당기면 원통 모양으로 모이게 됩니다. 왼쪽 줄에 시드 비즈 한 개를 끼우고 옆에 있는 크리스탈을 통하는 방식으로 아랫단 원통을 한 바퀴 돌린 후 오른쪽 줄과 만나면 두 번 묶고 다시 한 바퀴 돌린 후 자릅니다.

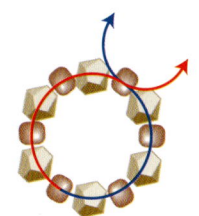

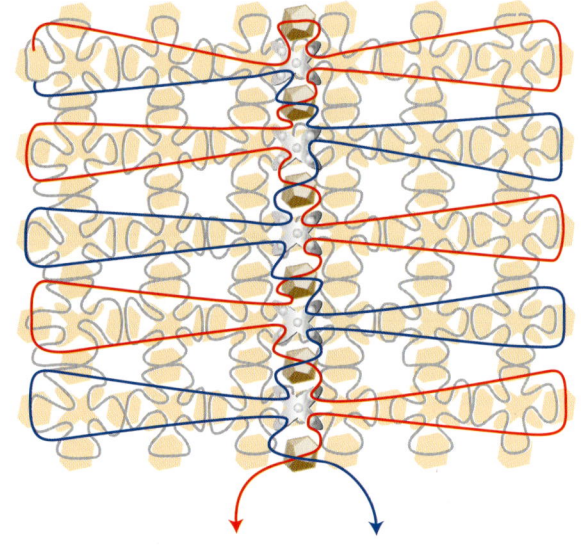

04 윗단은 낚싯줄을 새로 30cm 자른 다음 3mm 크리스탈에 낚싯줄을 끼웁니다. 시드 비즈 한 개 끼우고 옆에 있는 크리스탈을 통하는 아랫단 마무리 방식처럼 똑같이 해줍니다. 원통 모티브가 완성되었습니다.

원통 모티브에 연결고리 만들기

05 구핀 2개를 연결하여 연결고리를 길게 사용합니다.
구핀 0.6 * 30mm에 크리스탈 축구볼 8mm 라이트 콜로라도 토파즈를 끼우고 구핀을 자르지 말고 끝 부분을 구부려 연결고리를 만듭니다. 만든 연결고리에 새로운 구핀 연결고리를 끼운 다음 원통 모티브 안으로 집어넣습니다.

06 연결한 구핀에 크리스탈 축구볼 8mm 라이트 콜로라도 토파즈를 끼우고 바짝 붙인 다음 45도 꺾은 후 적당히 자르고 고리를 만듭니다. 아래 연결고리에는 체인을 3~4cm 3줄 잘라서 끼우고 위쪽 고리에는 원통 연결장식을 끼웁니다.

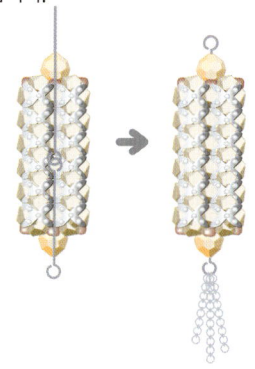

줄 연결하기

07 원통 연결장식 안으로 가죽줄을 끼운 후 착용자가 원하는 길이 사이즈를 맞춰 자릅니다. 가죽줄을 가죽줄 팁으로 고정한 뒤 남은 가죽줄을 깨끗이 자른후 오링을 이용하여 뒷장식을 달아줍니다.

05 터키석 골뱅이 체인 목걸이 세트

특이한 디자인의 체인과 엔틱 소재로 개성 있는

터키석은 파란빛에서 초록빛까지 다양하게 있는 거미줄의 줄무늬가 있는 원석입니다.
특이한 모양으로 연결되어 있는 골뱅이 체인은 일일이 사람의 손으로 땜을 하여 만들어지는 핸드메이드 체인으로 다른 체인보다
가격이 3배 정도 비쌉니다. 독특하고 특이한 디자인으로써 포인트를 주고 싶다면 한번 착용해보세요.

터키석 골뱅이 체인 목걸이 만들기

구핀 연결고리를 만들어 끼워주고 아티스틱 와이어로 예쁘게 워서은 코일링해 주면 멋진 목걸이가 만들어집니다.

목걸이 만들기

01 먼저 터키석 타원(대)의 와이어 연결고리와 구핀 연결고리를 다음과 같이 만듭니다.

02 이제, 목걸이 줄을 도안과 같이 연결합니다. 마지막으로 오링을 이용하여 랍스터와 늘이게 체인을 연결해주면 예쁜 목걸이가 완성됩니다.

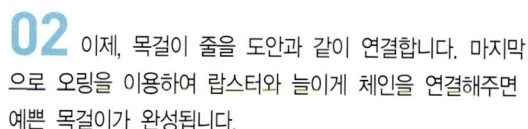

비즈캡 00003
중국 램프 비즈 레드
터키석 납작 원형
1개 2개 2개

귀고리 만들기

01 터키석에 와이어 연결고리를 만듭니다. 와이어 목 부분을 감고 원석까지 여러 번 감아보면 와이어만의 독특한 느낌으로 캡을 씌워 놓은 듯한 모양이 나옵니다. 이제 잘라줍니다.

02 구핀에 비즈캡 00003, 중국 램프 비즈, 비즈캡을 차례로 끼우고 구핀 연결고리를 만듭니다.(2개 준비합니다.) 터키석 물방울 연결고리에 램프 비즈 구핀 연결고리의 고리를 살짝 벌려서 끼워준 후 평집게로 고리의 틈이 없도록 잘 다듬습니다. 램프 비즈 구핀 연결고리의 위쪽 고리를 살짝 벌려 귀고리 훅을 달아주면 예쁜 귀고리가 완성됩니다.

준비물

목걸이
터키석 타원(대) 13*18mm 1개
터키석 납작 원형 1.5*8mm 4개
중국 램프 비즈 레드 8*12mm 2개
골뱅이 체인 60cm
랍스터 신주버니쉬 도금 1개
늘이게 체인 신주버니쉬 도금 1개
비즈캡 00006 8개
구핀 신주버니쉬 도금 4개
오링 신주버니쉬 도금 11개
와이어 삼각망 1개
비달론 아티스틱 와이어 22G(0.6mm) 금색 20cm

귀고리
터키석 세로 구멍 물방울 8*12mm 2개
중국 램프 비즈 레드 8*12mm 2개
비달론 아티스틱 와이어 26G(0.4mm) 금색 50cm
구핀 신주버니쉬 도금 4개
비즈캡 00006 4개
귀고리 훅 신주버니쉬 도금 1쌍

• 예상 제작 시간 : 1시간
• DIY 예상 가격 : 8,800원
• 완제품 예상 가격 : 15,000원
• 난이도 : ★★★

06 메소포타미아 스타일 세트

개성있는 인디풍의

이번 작품은 신주버니시 도금으로 얇고 가벼운 프레스 장식입니다.
문양은 이집트 메소포타미아의 느낌을 주며 도금이 다른 신주버니시보다는 황색
느낌이 나는 신주버니시 도금입니다. 아주 독특하고 개성있는 장식입니다.

준비물

목걸이
메소포링(소) 2개
메소포링(중) 2개
메소포링(대) 3개
메소포링 빗쌀 2개
메탈볼 49개
우드 라운드 15mm 6개
오링(대) 77개
2단 휘가로 체인 1 56Cm
2단 휘가로 체인 2 40Cm
오링(0.6*3mm) 신주버니쉬 도금 1개
랍스터 신주버니쉬 도금 1개
늘이게 체인 신주버니쉬 도금 1개

귀고리
메소포링(소) 2개
메소포링(대) 2개
메탈볼 16개
오링(대) 20개
귀고리 훅 1쌍(2개)

• 예상 제작 시간 : 2시간 30분
• DIY 예상 가격 : 12,460원
• 완제품 예상 가격 : 22,500원
• 난이도 : ★★★

메소포타미아 스타일 만들기

만드는 방법은 오링으로 메달을 연결하는 방법으로 쉽습니다. 짧은 옷과 청바지 차림에 한번 도전해 보세요.

목걸이 만들기

01 오링으로만 연결고리를 심플하게 만들어 봅니다. 재료가 특이한 문양으로 매우 독특한 디자인이지만 만드는 방법은 쉽습니다.

a	b	c	d	e
6개	2개	2개	2개	3개

02 휘가로 체인에 우드 라운드를 달아줍니다. 휘가로 체인 40cm의 정 가운데에서 1.5cm 간격으로 우드 라운드를 왼쪽, 오른쪽 3개씩 달아줍니다.

03 휘가로 체인 60cm의 정 가운데에 메소포링(대)를 달고, 옆으로 2.5cm 정도 간격을 두고 메소포링(대)를 하나 더 달아줍니다. 그 옆으로 3cm 정도 간격을 두고 메소포링(중)을 달고, 옆으로 3cm 정도 간격을 두고 메소포링 빗쌀, 메소포링(소)를 각각 달아줍니다.
반대편도 똑같이 달아줍니다. 휘가로 체인 40cm 줄은 60cm 휘가로 체인 줄에 달아주는데, 체인 줄 끝에서 5cm 지점 안쪽에 오링을 끼워서 달아줍니다. 그리고 긴 60cm 휘가로 체인 줄 끝에 오링을 연결하고 뒷장식을 달아줍니다.(오링 연결과 뒷장식 달기는 Part 1을 참조하세요.)

늘이게 체인

랍스터

오링

5cm

5cm

60cm

40cm

메소포링(소)

메소포링 빗쌀

메소포링(중)

우드 라운드

메소포링(대)

귀고리 만들기

01 메소포링(소)의 위의 구멍에 오링을 달아주고 아래 구멍에는 오링에 메탈볼을 달아줍니다.(2개 준비합니다) 메소포링(대)도 오링과 메탈볼을 달아줍니다.(3개 준비합니다)

02 오링(대)로 메소포링(대)와 메소포링(소)의 윗구멍에 같이 끼워서 귀고리 훅을 연결하면 멋진 목걸이가 됩니다.

07

복고적인 보헤미안 스타일의

체코 램프 두 줄 목걸이 세트

동버니시 재료들의 독특한 색감에 오로라 빛 시드 비즈와 핑크톤 체코 램프의 색감이 더해져 색다른 매력을
느끼게 됩니다. 하얀 피부나 검게 그을린 피부색에도 모두 잘 어울리므로 스포티한 차림에 한번 착용해 보세요.

체코 램프 두 줄 목걸이 만들기

펜던트 만들기

01 낚싯줄 1개를 준비하여 파이어 폴리쉬를 1개 끼우고, 두 줄을 모아 체코 램프 비즈를 끼우고 왼쪽 줄에 파이어 폴리쉬 1개를 끼워 오른쪽 줄로 교차합니다.

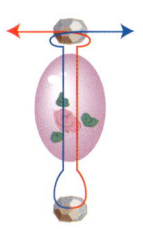

02 양쪽 줄에 시드 비즈 11개씩을 끼우고 아래 파이어 폴리쉬에 교차합니다.

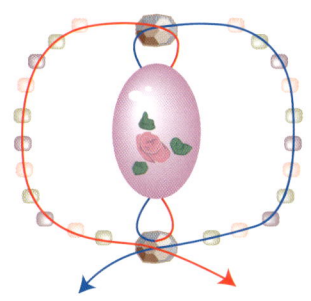

03 양쪽 줄에 시드 비즈 11개씩을 끼우고 위쪽 파이어 폴리쉬에 교차합니다.

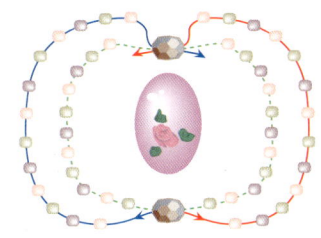

04 양쪽 줄에 시드 비즈와 사각 시드 비즈를 번갈아가면서 다섯 번 가량 끼우고 아래쪽 파이어 폴리쉬에 교차합니다. 두 줄을 모아서 체코 램프 비즈를 통과합니다.

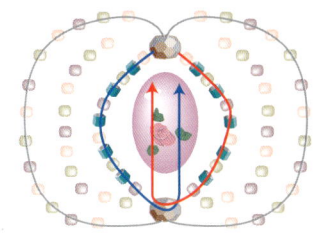

05 옆에서 보면 램프 비즈에 크게 세 가닥으로 비즈들이 놓여 있습니다. ⓐ의 중간의 씨드 줄을 손으로 당겨 ⓑ처럼 막대 비즈 줄 위로 올려놓습니다. 그리고 체코 램프 비즈로 통과한 두 줄 중 왼쪽 줄부터 두 가닥 줄 사이로 뺀 후 시드 비즈, 막대 비즈를 번갈아가면서 5번 정도 끼운 후 ⓒ처럼 두 가닥 줄 사이를 이용하여 체코 램프 비즈로 통과하면 예쁜 웨이브가 생깁니다.

  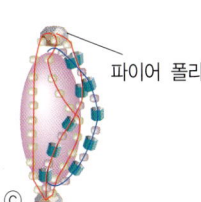

파이어 폴리쉬

ⓐ   ⓑ   ⓒ

06 오른쪽도 05번과 똑같이 하고 파이어 폴리쉬에 양쪽 줄을 교차합니다.

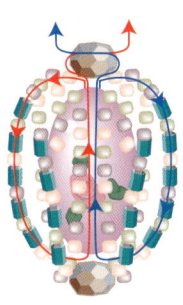

준비물

목걸이
체코 램프 비즈 오벌 핑크 1개
파이어 폴리쉬(10012) 4mm 27개
파이어 폴리쉬(30020) 3mm 19개
시드 비즈(4-0007-10) 약 530개
사각 시드 비즈 20개
구핀(0.6*30mm) 동버니시 39개
오링(0.6*30mm) 동버니시 40개
랍스터(0.6*30mm) 동버니시 1개
늘이게 체인(0.6*30mm) 동버니시 1개
비드팁 동버니시 2개
고정볼 2개
낚싯줄(2호) 1m
와이어 0.45mm 50cm

• 예상 제작 시간 : 3시간
• DIY 예상 가격 : 14,600원
• 완제품 예상 가격 : 32,000원
• 난이도 : ★★★

펜던트에 고리 만들기

07 양쪽 줄에 각각 시드 비즈를 두 개씩 끼우고 왼쪽 줄에 파이어 폴리쉬 1개를 끼운 뒤 오른쪽 줄로 교차합니다.(5번 반복합니다.) 다시 양쪽 줄에 시드 비즈를 2개씩 끼워 ⓐ 지점의 파이어 폴리쉬에 양쪽 줄을 교차합니다.

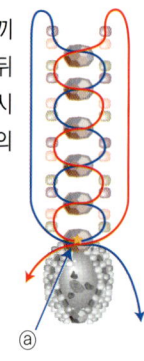

08 양쪽 줄로 가장자리의 시드 비즈를 한 바퀴 돌린 후 왼쪽 줄을 파이어 폴리쉬로 통과해 두 줄이 만나면 두 번 묶은 후 낚싯줄을 바로 자르지 말고 시드 비즈를 다시 여러 번 통과한 후 자릅니다.

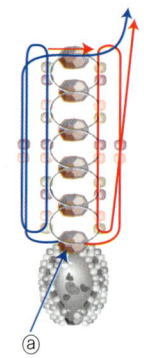

목걸이줄 만들기

09 도안과 같이 구핀 연결고리를 준비합니다.

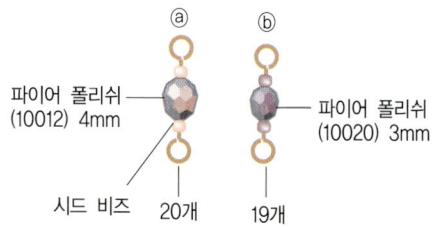

ⓐ   ⓑ

파이어 폴리쉬
(10012) 4mm

파이어 폴리쉬
(10020) 3mm

시드 비즈   20개   19개

10 오링을 이용하여 이어서 만든 구핀 연결고리를 연결합니다. 도안처럼 번갈아가면서 총 39개를 연결합니다.

—4mm

—오링

—오링

—4mm

11 와이어의 한 쪽 끝에 비드팁과 고정볼을 끼웁니다. 시드 비즈를 약 350개를 끼우고 비드팁과 고정볼을 끼워 마무리합니다.(비드팁과 고정볼 사용 방법은 Part 1의 비드팁과 고정볼 달기를 참조하세요.)

12 준비된 연결고리 목걸이 줄과 시드 비즈를 끼운 두 줄을 오링에 끼웁니다. 이제 두 줄에 펜던트를 끼웁니다. 목걸이줄 끝에 끼운 오링에 랍스터와 늘이게 체인을 연결합니다. 목걸이가 완성되었습니다.

오링   오링—

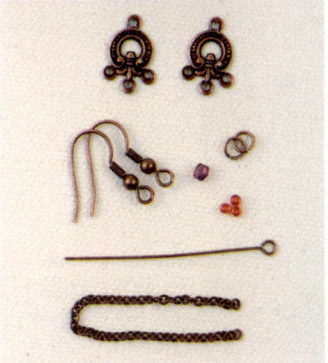

준비물

귀고리
파이어 폴리쉬(30020) 3mm 6개
시드 비즈(4-0007-10) 12개
귀고리 훅 동버니시 1쌍(2개)
엔틱 미니원 동버니시 2개
오링 0.6*3mm 동버니시 12개
구핀 0.6*30mm 동버니시 6개
체인 동버니시 45cm

• 예상 제작 시간 : 40분
• DIY 예상 가격 : 3,500원
• 완제품 예상 가격 : 15,000원
• 난이도 : ★★★

귀고리 만들기

01 구핀에 시드 비즈 1개 파이어 폴리쉬 3mm 1개, 시드 비즈 1개를 끼워 고리를 만듭니다.

6개

02 체인을 2.5cm씩 9줄 자릅니다. 오링을 벌려 파이어 폴리쉬 연결고리와 체인 3줄을 끼우고 고리와 체인이 빠지지 않게 잘 닫습니다.(6개 준비합니다.) 엔틱 미니원 장식의 고리에 오링을 벌려 체인을 연결한 파이어 폴리쉬 연결고리를 끼우고 도안처럼 모두 연결한 후 귀고리 훅을 달아줍니다.

03 귀고리 훅의 고리 부분을 벌려 엔틱 미니원 장식의 고리에 끼우고 틈이 벌어지지 않도록 잘 닫습니다.

오링

2.5cm

08

특별한 패션 목걸이를 원할 때는

볼륨 디자인 목걸이

다양한 원석들을 골고루 연결하여 볼륨감 있게 만든 목걸이입니다. 보기에는 부담스러워 보이는 목걸이 같이 느껴질 수 있지만 착용했을 때와는 많이 다릅니다. 진주에서부터 고급 가넷 원석까지 골고루 들어가 있어서 원석에 관심이 많은 분께도 설명하기도 좋습니다. 착용하기 전에 원석의 이름을 알아두면 좋습니다. 스포티한 차림이나 짧은 웃옷을 입고 한번 착용해 보세요.

볼륨 디자인 목걸이 만들기

목걸이 줄 만들기

01 먼저 티핀 연결고리를 만들어 놓습니다.
모두 60개를 만듭니다. 그리고 자연 진주 2종류는
아티스틱 와이어로 연결고리를 만듭니다.

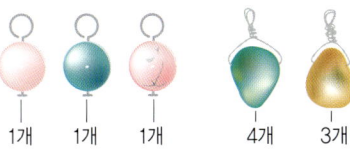

8개 1개 5개 10개 8개 10개 10개 5개 8개

1개 1개 1개 4개 3개

오링으로 펜던트 만들기

02 와이어 0.45mm 50cm에 한쪽을 비드팁과
고정볼로 빠지지 않게 고정합니다. 그런 다음 순서대로
비드들을 끼웁니다. 오링을 살짝 벌려서 비드팁의 고리를 끼우고
랍스터를 답니다. 도안처럼 원석들을 끼운 후 반대편도 오링을 살짝 벌려서 비드팁의 고리를 끼우고
늘이게 체인을 답니다. 늘이게 체인에 달려있는 물방울 장식을 떼고 티핀으로 목걸 이줄의 원석 8mm로
뒷장식을 해봅니다.

→ 파이어 폴리쉬
→ 시드 비즈
→ 은버니 하드꼬임
→ 홍동릉석 6mm
→ 비즈캡 홍동릉석 8mm

03 아래의 도안처럼 오링을 끼웁니다.
먼저 오링(대)를 중앙의 3곳 비즈캡 사이에 끼웁니다.
도안처럼 오링(0.6＊3mm)으로 오링(대)을 연결합니다.

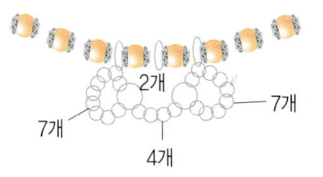

2개
7개 7개
4개

04 준비된 연결고리들을 끼웁니다. 자연 진주들을 먼 저 달아봅니다. 자연 진주는 와이어로 고리를 만들었기 때 문에 목걸이줄에 걸려있는 오링을 살짝 벌려서 끼워야 합 니다. 오링(대)에 걸어줍니다. 나머지 구핀으로 만든 비즈들 도 자유자재로 걸어주면 됩니다.

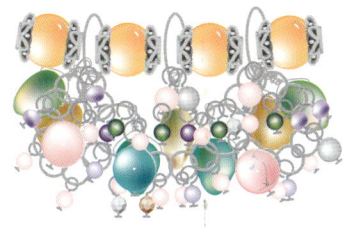

준비물

자연 물방울 진주 골드 3개
자연 물방울 진주 카키 4개
담수진주 6mm 1개
못난이 진주 4~6mm 보라 5개
장미석 6mm 5개
가넷 5mm 8개
그린 오닉스 8mm 1개
마산옥 핑크 8mm 1개
마산옥 매트 연분홍 8mm 1개
마산옥 카키 4mm 10개
마산옥 매트 연분홍 4mm 8개
카넬리언 옥 4mm 10개
백산호석 4mm 10개
홍동릉석 8mm 9개
홍동릉석 6mm 28개
파이어 폴리쉬 4mm 30개
시드 비즈(4-0012-2) 60
오링(대) 5개
오링(0.6＊3mm) 32개
티핀 백금 도금(0.6＊30mm) 100개
아티스틱 와이어 28G(0.32mm) 1m
와이어(0.45mm) 50cm
비드팁 백금 도금 2개
고정볼 2개
랍스터 백금 도금 1개
늘이게 체인 백금 도금 1개
비즈캡 000012 18개
메탈 론델 은버니 하드꼬임 26개

- 예상 제작 시간 : 2시간
- DIY 예상 가격 : 19,800원
- 완제품구입가격 : 39,000원
- 난이도 : ★★★★

PART 7

와이어와 천연석의 스타일리쉬한 조화

01 사금석과 가죽줄 목걸이

예쁜 사금석과 가죽줄의 만남

이 작품에서 다루는 모든 아티스틱 와이어는 미국 비달론사의 아티스틱 와이어입니다.
사이즈나 색상이 다양하고, 기존 아티스틱 와이어(구리선)보다 염색 상태가 우수하여
피부 알레르기 현상이 적을 뿐만 아니라 선의 감도도 튼튼합니다.

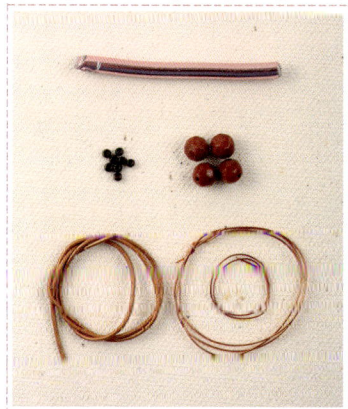

준비물

각진 사금석 6mm 25개
시드 비즈(메탈 4-0007-4) 80개
비달론 아티스틱 와이어 네츄럴 28G(0.32mm) 3m
비달론 아티스틱 와이어 네츄럴 22G
　(0.6mm) 30cm
비달론 아티스틱 와이어 네츄럴 20G
　(0.8mm) 30cm
알루미늄 와이어(칼라 와이어) 3mm 10cm
가죽줄 연갈색 1mm 50cm

- 예상 제작 시간 : 2시간
- DIY 예상 가격 : 10,500원
- 완제품 예상 가격 : 35,000원
- 난이도 : ★★★★

사금석과 가죽 줄 만들기

간단한 코일링 기법으로만 만들어 주면 됩니다. 사계절용으로 여름에는 피부에 직접 착용해도 되고 겨울에는 블랙 니트, 카키색, 갈색 등 모두 잘 어울립니다. 평소에도 무난하게 착용해도 됩니다.

목걸이 줄 만들기

01 알루미늄 와이어에 아티스틱 와이어 22G(0.6mm)를 30번 정도 감아서 고리의 가운데 한 곳을 니퍼로 하나씩 잘라주면 오링이 만들어집니다.

02 사금석 와이어 연결고리를 만들고, 직접 만든 오링에 시드 비즈를 두 개 끼워서 준비합니다.

사금석 ←

25개

시드 비즈

03 도안과 같이 사금석 와이어 연결고리와 시드 비즈를 끼운 오링을 모두 연결하고, 가죽 줄을 오링에 모두 통과시킵니다. 가죽 줄 끝 부분도 아티스틱 와이어로 말아서 고리를 만들면 목걸이 줄이 완성됩니다.

와이어 훅 만들기

01 20G(0.8mm) 아티스틱 와이어를 10cm 크기로 자릅니다. 볼펜의 둥근 면을 이용하여 훅 모양(물음표)을 만들고, 왼쪽에는 구자집게를 이용하여 고리를 만듭니다. 가죽 줄과 사금석을 연결합니다. 고리를 만들고 난 긴 줄로 와이어 목 부분을 감습니다. 반대편은 오른쪽 끝을 구자집게로 먼저 동그랗게 말아주고 볼펜으로 훅의 모양을 만듭니다.

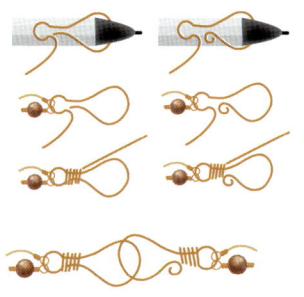

02 가죽 줄과 사금석을 연결합니다. 고리를 만들고 난 긴 줄로 와이어 목 부분을 감아주면 완성됩니다.

02 와이어 수정 물방울 목걸이

화이트 톤의 개끗하고 여성스러운

화이트 오팔류의 수정석처럼 생긴 원석은 지르코늄과 산소의 화합물입니다. 이것은 지르코늄, 즉 큐빅
지르코니아라고 부르기도 합니다. 단계로 말하자면 다이아〉큐빅지르코니아〉큐빅이 됩니다. 장미 모양 원석,
투명 타원 원석들은 옥 종류에 속합니다. 이 목걸이는 화이트빛 나는 원석들의 배치하여 개끗하고 여성스러운
분위기를 찾는 분께 추천합니다.

와이어 수정 물방울 목걸이 만들기

교차 와이어 연결고리 만들기

01 아티스틱 와이어 26G(0.4mm)를 15cm의 중앙에 구자집게의 둥근 면을 대고 동그란 모양을 만듭니다.
평집게로 동그란 부분을 꽉 잡고 오른손으로 아티스틱 와이어 한 줄을 삽고 3번 감습니다.

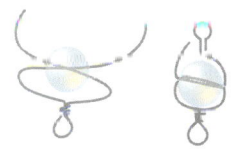

02 산호석 8mm에 아티스틱 와이어를 교차합니다. 아티스틱 와이어 줄 하나를 2.5cm(와이어 목) 띄운 후 구자집게의 둥근 면에 대고 동그란 모양을 만든 후 짧게 자릅니다. 왼쪽 줄로 3번~4번 정도 감아 올라간 후 남은 부분은 잘라내고 튀어 나오지 않게 평집게로 잘 다듬어줍니다.

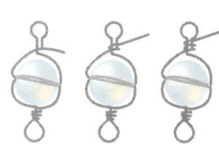

목걸이 줄 만들기

03 산호석 8mm 와이어 연결고리에 26G(0.4mm) 아티스틱 와이어 15cm를 끼워 고리를 만듭니다. 장미 모양 화이트 오팔 옥의 위쪽 구멍에 아티스틱 와이어 한 줄을 도안처럼 아래서 위로 끼우고 장미 모양 부분을 곡선으로 지나가게 하여 반대편 구멍으로 나와서 고리를 만듭니다.

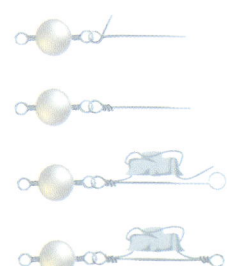

04 한쪽에 총 11개의 아티스틱 와이어 연결고리를 만들어 03과 같이 연결합니다. 이제 오링으로 메탈 엔틱 3구 대칭을 연결하여 반대쪽도 완성합니다. 메탈 엔틱 3구 대칭 아래에도 오링을 이용하여 장미 모양 화이트 오팔옥을 연결합니다.

05 이제 수정각 물방울을 달아봅시다. 26G(0.4mm) 아티스틱 와이어를 처럼 와이어 연결고리에 걸고 한 쪽 아티스틱 와이어에 수정각 물방울을 끼웁니다. 반대편 와이어 줄로 3~4번 감은 후 니퍼로 자르고 예쁘게 정리합니다. 각각의 위치에 모두 8개를 달아줍니다.

06 산호석 8mm 와이어 연결고리에 오링을 이용하여 와이어 훅을 달아줍니다.(135쪽 와이어 훅 만들기를 참조하세요.)

납작 타원 백옥

장미 모양
화이트 오팔 옥

준비물
수정각 물방울 화이트 오팔 5*8mm 8개
납작 타원 투명 백옥 10*14mm 6개
장미 모양 화이트 오팔 옥 15mm 7개
산호석 8mm 10개
메탈 엔틱 3구 대칭 백금 도금 1개
아티스틱 와이어 실버 26G(0.4mm) 5m
아티스틱 와이어 실버 20G(0.8mm) 30m

• 예상 제작 시간 : 2시간
• DIY 예상 가격 : 21,000원
• 완제품 예상 가격 : 38,000원
• 난이도 : ★★★★

03 색다른 분위기의
와이어 오닉스 귀고리

브라운 쿼츠(연수정, 흑수정)는 밝은 갈색 또는 짙은 갈색, 회색을 띤 갈색(스모키 쿼츠)과 모리온 C라고 하는 검정색 종류를 포함합니다. 스코틀랜드의 Cairngorm 산맥에서 나오는 갈색 또는 스모키 쿼츠는 Cairngorm이라 합니다. 방사선으로 쬐면, 무색의 쿼츠는 회색을 띤 갈색으로 변할 수 있는데, 이는 갈색 쿼츠는 땅 속에서 자연방사선에 의해서 이루어진 것이라는 추측을 하게 합니다.

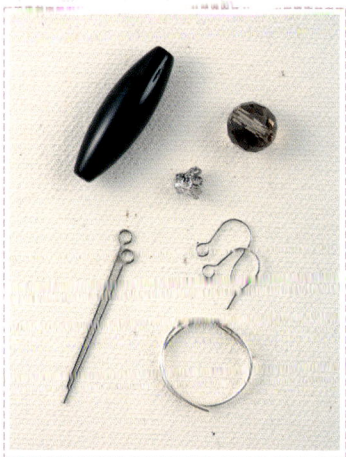

준비물

오닉스 긴 오벌 타원 9*29mm 2개
브라운 자수정 10mm 2개
비즈캡(진주캡) 컵형 백금 도금 4개
비즈캡(진주캡) 종형 백금 도금 2개
귀고리(소) 백금은(92.9%) 1쌍(2개)
구핀(0.6*30mm) 백금 도금 2개
비달론 아티스틱 와이어 22G(0.6mm) 실버
　　30cm

• 예상 제작 시간 : 1시간
• DIY 예상 가격 : 8,300원
• 완제품 예상 가격 : 15,000원
• 난이도 : ★★★

🌸 와이어 오닉스 귀고리 만들기

와이어 코일링 기법으로 귀고리를 만들어 봅니다. 쉽게 만들 수 있으며, 사이즈가 큰 디자인으로 색다른 분위기가 연출됩니다.

오닉스 긴 오벌 타워에 와이어 쿠일링 만들기

01 도안처럼 20G(0.4mm) 아티스틱 와이어 15cm의 중앙에 구자집게의 둥근 면을 대고 동그랗게 만듭니다. 평집게로 동그랗게 만든 고리 부분을 꽉 잡고 오른손으로 아티스틱 와이어 한 줄을 잡고 3번 감습니다.

02 아티스틱 와이어 한쪽 줄에 오닉스 긴 오벌 타원을 끼우고 종캡을 끼웁니다.
먼저 위쪽 아티스틱 와이어를 고리를 만들어 줍니다. 그 다음 아래쪽 고리 목 부분을 감은 아티스틱 와이어로 원석 위를 예쁘게 말아 올린 후 골뱅이처럼 말아주고 아티스틱 와이어가 뜨지 않게 원석에 밀착시킵니다.

03 와이어 연결고리에 구핀을 연결하여 비즈캡(진주캡) 컵형, 브라운 자수정 10mm, 비즈캡(진주캡) 컵형을 순서대로 끼운 후 평집게와 구자집게를 이용해 고리를 만듭니다.
마지막으로 귀고리 고리를 평집게로 살짝 벌린 후 구핀 고리를 연결하면 완성입니다.

브라운 자수정 —

오닉스 긴 오벌 타원 —

04 베네치아 하트 자수정 목걸이

짙은 보라빛의 매혹적인

와이어 공예에서의 헤링본이란 조직이 한쪽 방향으로 능이져 있는 것이며 해링본은 일정하게 한 방향으로 능이 있는 것이 아니라 좌능과 우능이 동시에 있는 것입니다. 쉽게 말해서 빗살무늬로 되어 있는 것입니다. 이 작품에 사용된 비즈는 중국에서 생산된 베네치아 비즈의 디자인을 모방한 베네치아 스타일 비즈입니다.

베네치아 하트 자수정 목걸이 만들기

짙은 보라색의 와이어 목걸이는 레드 톤의 의상과 함께 착용해보세요. 아주 매혹적인 분위기를 연출할 수 있습니다.

펜던트 만들기(헤링본 기법)

01 22G(0.6mm) 아티스틱 와이어 25cm의 10cm 지점에서 와이어 고리를 만듭니다. 와이어를 내려가면서 0.8cm(8~10번) 정도 감은 후 깨끗하게 자르고 다듬습니다.

 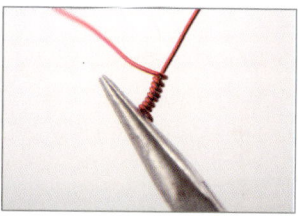 

02 배네치아 비즈를 끼웁니다. 와이어 목 부분을 0.8cm 정도 띄고, 고리를 만든 후 8~10번 정도 감으면서 내려갑니다.

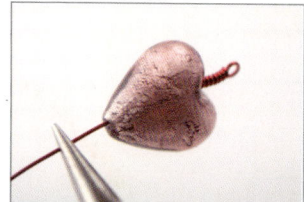 

준비물

보라 자수정 6mm 8개
보라 캣츠아이 6mm 8개
연보라 캣츠아이 6mm 10개
크리스탈 진주 버건디 6mm 8개
베네치아 비즈 하트 보라 20mm 1개
체코 램프비즈 물방울 보라 1개
비달론 아티스틱 와이어 마젠타
　　28G(0.32mm) 5m
비달론 아티스틱 와이어 마젠타
　　20G(0.8mm) 30cm
비달론 아티스틱 와이어 마젠타
　　22G(0.6mm) 1m
비달론 아티스틱 와이어 마젠타
　　26G(0.4mm) 50cm

• 예상 제작 시간 : 3시간
• DIY 예상 가격 : 12,880원
• 완제품 예상 가격 : 23,000원
• 난이도 : ★★★★

03 26G(0.4mm) 아티스틱 와이어 50cm를 사진의 하트 바로 위에서부터 시계 방향으로 위쪽 한 번 감고 아래쪽도 시계 방향으로 한 번 감아줍니다. 3번 정도 감고 빗살무늬 방향이 같은지 확인합니다. 이러한 방법으로 0.8cm(와이어 목) 부분의 감아놓은 와이어 틈새로 26G(0.4mm) 아티스틱 와이어를 감으면서 사진처럼 전체를 왔다갔다하면서 만듭니다.

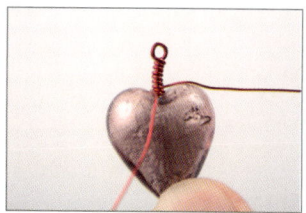   

04 모두 감았으면 이제 고리 바로 밑 부분을 한 번 돌려 감고 불필요한 부분을 자르고 난 후 깨끗이 다듬습니다.

목걸이 줄 만들기

05 완성된 하트 헤링본 연결고리에 28G(0.32mm) 아티스틱 와이어 10cm를 끼운 후 고리를 만듭니다. 와이어 연결고리에 아티스틱 와이어를 끼우면서 연결고리를 만들어 목걸이 줄을 만듭니다.

06 목걸이 줄까지 모두 완성이 되었으면 와이어 훅을 달아서 완성합니다.

목걸이 줄은 원석을 와이어 연결고리를 모두 따로 만들어놓으면 오링으로 연결해야 되기 때문에 예쁘지 않습니다. 반드시 와이어 연결고리에 아티스틱 와이어를 끼우면서 연결고리를 만들어야 합니다.

연보라 캣츠아이 6mm

보라 자수정 6mm

크리스탈 진주 버건디 6mm

베네치아 비즈 하트 보라 20mm

체코 램프 비즈 물방울 보라

05

독특한 디자인의

와이어 펜던트 목걸이

와이어 펜던트 만들기

이 작품에서는 코일링 기법의 다양한 응용을 배울 수 있습니다. 보기에는 부담스러워 보일일 수 있지만 실제로 착용하면 매우 독특한 패션 스타일이 됩니다.

3줄 코일링 모티브 만들기

01 아티스틱 와이어 22G(0.6mm)를 10cm 3개, 5cm 2개를 준비합니다. 먼저 10cm 와이어에 고리를 만들고 캣츠아이 4mm 노란색을 끼웁니다. 남은 10cm 22G(0.6mm) 아티스틱 와이어 2개는 3cm 지점에서 45도 꺾어줍니다. 5cm 22G (0.6mm) 아티스틱 와이어 3개의 와이어를 예쁘게 모두 감습니다. 탄탄하게 4~5번 정도 감은 뒤 남은 선은 잘라냅니다.

02 캣츠아이 6mm 노란색, 오닉스 8mm 블랙, 캣츠아이 6mm 노란색을 끼우고 2개의 와이어를 평집게로 꺾습니다. 남은 5cm 22G (0.6mm) 아티스틱 와이어로 감은 후 잘라냅니다. 캣츠아이 4mm 노란색을 끼우고 와이어 고리를 만든 후 나머지 와이어들은 골뱅이처럼 예쁘게 말아주면 모티브가 완성됩니다.

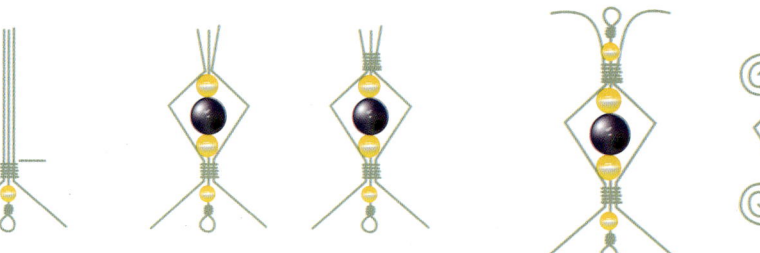

03 8개의 모티브를 만드는데, 목걸이 줄에 들어가는 모티브 2개씩은 와이어 고리를 서로 연결해서 만들어 놓습니다.

주의

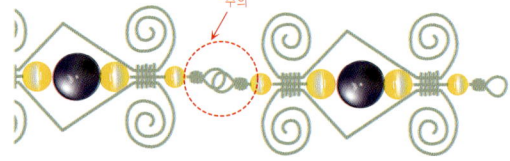

헤링본 응용

04 22G(0.6mm) 아티스틱 와이어 25cm로 도안처럼 코일링하여 둡니다.

← 와이어목 →
2.5cm   2.5cm

05 26G(0.4mm) 아티스틱 와이어 50cm를 오닉스 바로 위에서부터 한 번 감고 아래쪽에서 한 번 감고하는 방법으로 2.5cm(와이어 목) 부분의 감아놓은 와이어 틈새로 26G(0.4mm) 아티스틱 와이어를 감으면서 도안처럼 전체를 왔다갔다하면서 만듭니다. 모두 감았으면 이제 고리 바로 밑 부분을 한 번 돌려 감고 불필요한 부분을 자르고 깨끗이 다듬어줍니다.

앞뒤가 넘어지 않게 차곡차곡 놓이게 합니다.

목걸이 줄 만들기

06 와이어로 목걸이 줄을 만들 때는 중간에 오링을 사용하지 않고 바로 와이어 고리를 연결하여 만듭니다. 목걸이 줄을 만들 때는 먼저 캣츠아이 와이어 연결고리를 한 개 완성하고 완성된 캣츠아이 와이어 연결고리에 26G(0.4mm) 아티스틱 와이어 10cm를 끼워 고리를 만듭니다. 다시 캣츠아이 한 개를 끼우고 와이어 연결 고리를 만듭니다. 이와 같은 방법으로 캣츠아이 6mm 4개까지만 만들어 놓습니다.

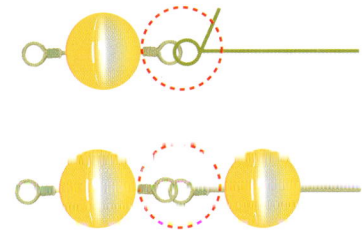

07 4번째 캣츠아이 와이어 연결고리에 5번째 와이어 연결고리를 만들고 캣츠아이를 끼운 다음 이미 만들어 놓은 세 줄 코일링 모티브의 연결고리에 끼우고 와이어 줄을 마무리합니다. 계속하여 아티스틱 와이어 10cm를 모티브의 연결고리에 끼운 다음 고리를 만들어 캣츠아이 6mm를 끼우고 다시 고리를 만듭니다.(다음 고리에 계속 연결하면서 8번 반복합니다.) 오른쪽 줄도 위와 같은 방법으로 만들어 놓습니다.

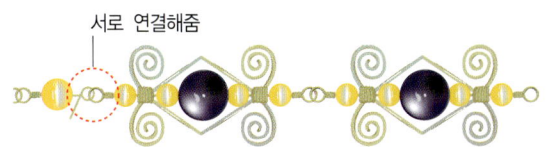

서로 연결해줌

펜던트 연결하기

08 도안처럼 위에서 만들어 놓은 수직 코일링 1개와 4개의 세 줄 코일링을 겹쳐 놓은 후 번호 순서대로 0.35mm 아티스틱 와이어로 적당히 감은 후 자릅니다.

09 도안과 같은 위치에 오링을 연결하고 그 오링에 목걸이 줄도 연결합니다. 목걸이 줄에 와이어 훅을 달면 목걸이가 완성됩니다.

오닉스 8mm

캣츠아이 4mm

캣츠아이 6mm

오닉스 12mm

PART 8

현대적 감각의 가죽 매듭과 노리개

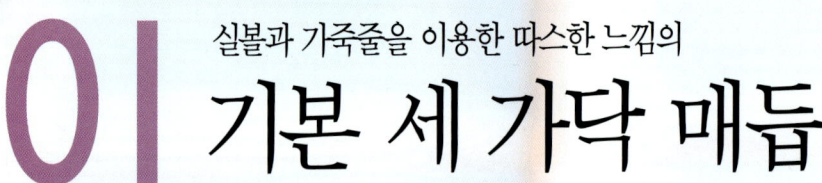

01

실볼과 가죽줄을 이용한 따스한 느낌의

기본 세 가닥 매듭

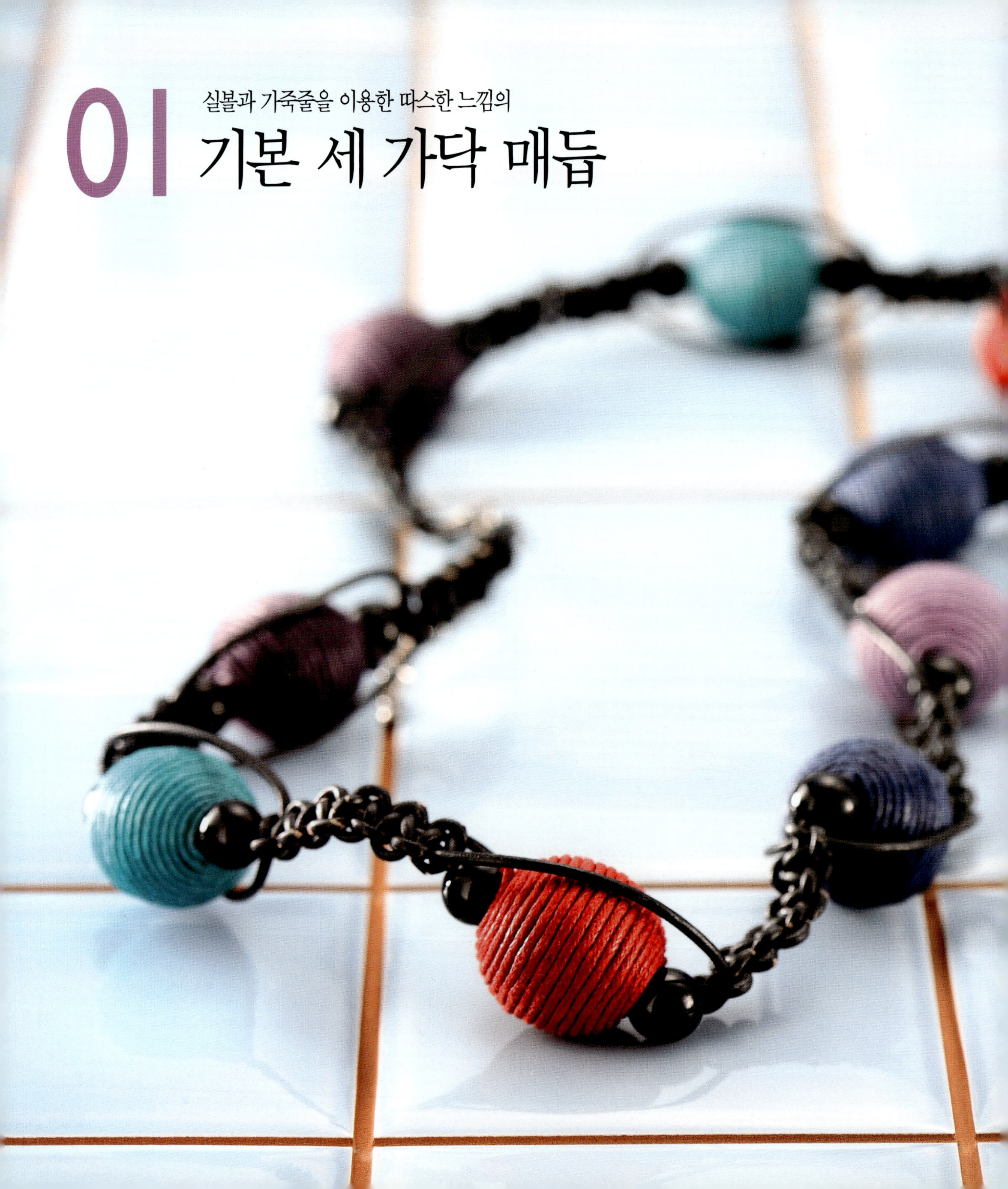

준비물

가죽줄 1mm 5m
실볼 진파랑 20mm 2개
실볼 록비취 20mm 2개
실볼 레드 20mm 2개
실볼 보라 20mm 2개
실볼 연보라 20mm 1개
오닉스 8mm 18개
가죽줄팁 2개
오링 2개
늘이게 체인 1개
랍스터 1개

• 예상 제작 시간 : 2시간 30분
• DIY 예상 가격 : 14,600원
• 완제품 예상 가격 : 20,000원
• 난이도 : ★★

기본 세 가닥 매듭 만들기

한 가닥으로 여러 가죽줄을 감아서 매듭짓는 1줄 매듭과 세 가닥으로 매듭짓는 3줄 매듭을 이용해 만듭니다. 실볼 양옆으로 오닉스 원석을 잘 매치하여 가죽줄 매듭을 만들어 봅니다.

세 가닥 매듭 만들기

01 1m 20cm의 가죽줄 세 줄을 모아서 가운데부터 매듭을 시작합니다. 중앙의 가죽줄을 중심으로 오른쪽 줄을 중앙 줄에 올려놓고 왼쪽 줄을 오른쪽 줄 위로 올려서 중앙줄 아래에서 위로 빼 올립니다.

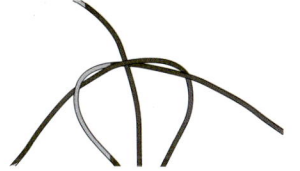

02 아래로 놓인 줄을 중앙 줄 위로 올리고 위로 놓인 줄을 아래로 놓인 줄 위로 올려서 중앙 줄 아래에서 위로 줄을 빼 올립니다. 한 번 더 반복합니다. 매듭의 아래에 놓인 줄을 중앙 줄 위로 올립니다.

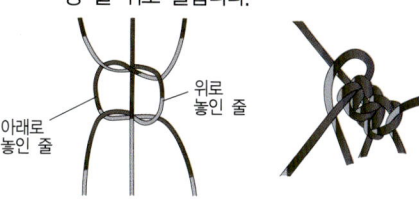

아래로 놓인 줄
위로 놓인 줄

03 매듭의 위로 올라온 줄을 아래로 놓인 줄 위로 올려서 중앙 줄 아래에서 위로 줄을 빼 올립니다.(실제로 해보면 매우 쉽습니다.) 모두 6매듭(12번 묶음)을 해줍니다.

04 가운데 가죽줄에 오닉스 8mm, 실볼 연보라, 오닉스 8mm를 순서대로 끼웁니다. 다시 기본 세 가닥 매듭을 만들어 줍니다.

05 이제 아래 도안을 참조하면서 연보라 실볼을 중심으로 좌우로 6매듭을 하고 난 뒤 왼쪽 오른쪽을 4마디씩 만들어줍니다. 오른쪽 왼쪽 똑같이 만들어준 다음 세 줄을 모아 가죽줄팁으로 고정한 뒤 남은 가죽줄을 깨끗이 자릅니다.(가죽줄팁 사용 방법은 151쪽 자개 펜던트와 가죽 매듭의 설명과 그림을 참조하세요.)

06 오링을 살짝 벌려서 가죽줄 팁의 고리를 끼우고 랍스터를 답니다. 반대편도 오링을 살짝 벌려서 가죽줄팁의 고리를 끼우고 늘이게 체인을 답니다.

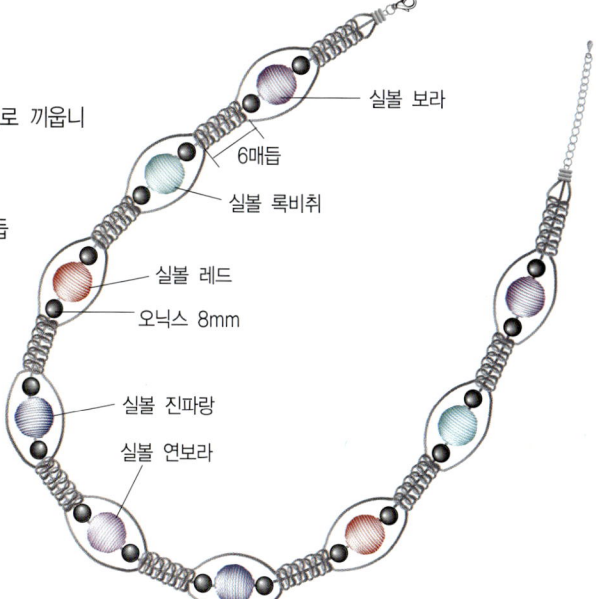

실볼 보라
6매듭
실볼 록비취
실볼 레드
오닉스 8mm
실볼 진파랑
실볼 연보라

02 자개 펜던트 가죽줄 매듭 목걸이

자개 펜던트와 가죽 매듭의 새로운 스타일

고급스러운 자개 펜던트를 이용하여 만든 가죽줄 매듭 목걸이는 니트 셔츠 위에 착용해도 모두 다 잘
어울립니다.

자개 펜던트 가죽 매듭 만들기

펜던트에서부터 시작하기

01 자개 펜던트에 가죽줄 1mm 은색을 끼우고 왼손으로 두 줄을 잡고 도안처럼 오른손으로 줄을 시계 방향으로 한 번 돌려서 만들어진 고리 안으로 두 줄을 집어넣고 당기면 예쁜 매듭이 만들어집니다.

02 은색 가죽줄에 다이아몬드컷 6mm를 양쪽에 끼우고 진회색 가죽줄 2줄을 도안과 같이 정렬합니다. 왼쪽의 가죽줄들을 테이프로 일단 고정시키고 오른쪽 줄부터 만듭니다.

03 오른쪽 은색 가죽줄과 진회색 가죽줄 2줄로 세 가닥 매듭을 만듭니다. 우선 은색 가죽줄을 중앙에 놓이게 한 후 세 가닥 매듭을 2번 합니다.(세 가닥 매듭 방법은 149쪽의 실볼과 가죽 매듭을 참조하세요.)

줄 만들기

04 중앙에 놓인 은색 가죽줄에 헤마 컷팅 원형 12mm를 1개 끼우고, 세 가닥 매듭을 한 번 만듭니다.

05

줄을 1.5cm 정도 띄운
후 세 가닥 매듭을 만들고 중앙에
놓인 은색 가죽줄만 잡고 매듭을
주욱 밀어줍니다. 그러면 1.5cm
띄운 부분이 웨이브가 만들어집니
다. 다시 세 가닥 매듭을 1번 만
듭니다.

06

배네치아 스타일 비즈 원
형 화이트를 중간의 은색 가죽줄
에 끼웁니다. 세 가닥 매듭을 2번
만듭니다.
오닉스 오벌 8*12mm를 끼웁니
다. 세 가닥 매듭을 1번 만듭니다.

07

각진 브라운 자수정
10mm를 끼우고 세 가닥 매듭을
2번 만듭니다.

08

4cm 정도 띄운 후 메탈
론델 은버니 둥근링을 끼워 가죽
줄을 되돌려 끼웁니다.

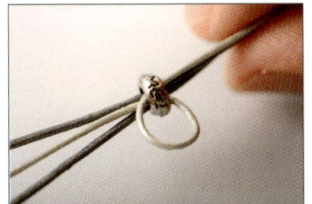
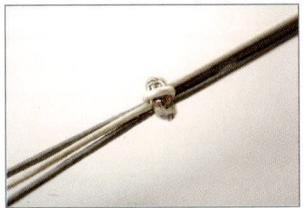

09

다이아몬드컷 6mm 원형
을 끼우고 세 가닥 매듭을 1번 합
니다. 헤마타이트 원통 6mm를 끼
우고 세 가닥 매듭을 1번 합니다.

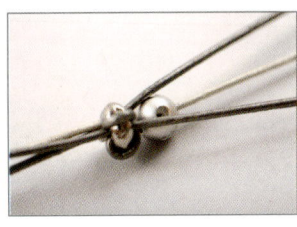

10 다이아몬드 컷 6mm 원형을 끼우고 세 가닥 매듭을 6번 합니다. 세 줄을 모아 메탈 론델 은버니 둥근 링을 끼우고 10cm 띄웁니다.

  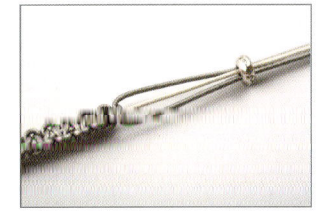 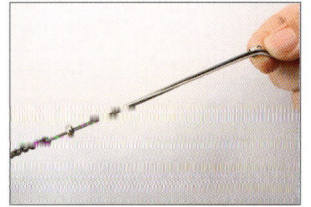

11 세 줄을 모아 가죽줄 팁으로 고정한 뒤 남은 가죽줄을 깨끗이 자릅니다. 반대편도 똑같이 만들어 줍니다.

 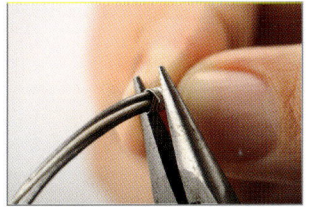  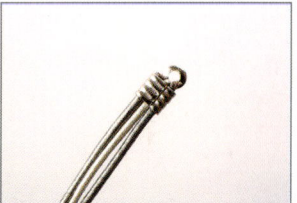

오링 연결과 뒷장식 달기

12 오링을 살짝 벌려서 가죽줄 팁의 고리를 끼우고 랍스터를 답니다. 반대편도 오링을 살짝 벌려서 가죽줄 팁의 고리를 끼우고 늘이게 체인을 답니다.(오링 연결과 뒷장식 달기 방법은 22~23쪽을 참조하세요.)

03

아름다운 가죽 매듭 목걸이를 만들자

아크릴 펜던트 7줄 가죽 매듭

아크릴로 가공된 불투명 비즈로써 모양이나 색상이 매우 다양해져 지금은 많이 사용되고 있습니다. 가격이 저렴한 것에 비해 디자인이나 품질이 아주 좋습니다.

아크릴 펜던트 1줄 가죽 매듭 만들기

1줄로 세 가닥 매듭을 만든 것과 여러 줄을 한꺼번에 잡고 매듭을 만든 것은 느낌이 많이 다릅니다. 세 가닥 매듭을 만들어 놓으면 매우 어렵고 어떻게 만들까 궁금할 정도로 매듭 모양이 달라보이지만 사실은 모두 다 같은 세 가닥 매듭 방법을 활용한 것입니다.

준비물

가죽줄 그린 1mm 6m
아크릴 링 올리바인 55mm 1개
세라믹 12*17mm 오벌 노랑 2개
캣츠아이 연두 8mm 2개
아크릴 원통 20mm 라이트 콜로라도 토파즈 1개
중국 램프 들꽃 화이트 8*12mm 2개
배네치아 스타일 하트 20mm 연두 2개
칠보 마름모 녹색 2개
홍동릉석 8mm 2개
사금석 8mm 2개

• 예상 제작 시간 : 1시간 30분
• DIY 예상 가격 : 14,500원
• 완제품 예상 가격 : 27,000원
• 난이도 : ★★★

펜던트 만들기

01 우선 가죽줄 그린 30cm 세 줄로 세 가닥 매듭을 7번 정도 하여 펜던트에 걸어줍니다.

02 1m 20cm 가죽줄을 왼쪽 오른쪽으로 2줄씩 걸어줍니다.

03 사진처럼 한꺼번에 모아 매듭을 만듭니다. 오른쪽에 있는 모든 줄(4줄)을 중앙 줄(6줄) 위로 올리고 왼쪽에 있는 모든 줄(4줄)을 오른쪽 줄 위로 올려서 중앙 줄 아래에서 위로 빼 올려서 세줄 매듭을 합니다.

04 아크릴 원통 20mm를 중앙에 모인줄에 끼우고 세줄 매듭을 합니다. 줄을 당기면 독특한 예쁜 매듭이 만들어 집니다.(여러 줄로 매듭을 만들면 느낌이 특이합니다.)

05 모든 줄을 모아 제일 긴 1줄로 3~4번 감은 후 감은 부위 맨 아래의 줄 안으로 넣어 위로 빼 올려 1줄 매듭을 합니다.

06 줄을 양쪽으로 나눕니다. 그리고 05번과 똑같이 한 줄로 3번 감고 감은 줄 맨 아래 줄에서 위로 빼 올립니다. 양쪽 다 같은 방법으로 묶습니다. 긴 줄 4가닥씩만 남겨놓고 바싹 자른 후 잘린 면에 투명 본드를 살짝 발라줍니다.

줄 만들기

07 줄을 만들 때 비즈를 항상 짧은 줄에 끼우면서 만들면 전체적으로 줄이 덜 짧아집니다. 세라믹 12*17mm 오벌 노랑을 끼웁니다. 제일 긴 줄을 잡고 두 번 감은 후 감은 부위의 맨 아래의 줄 안으로 넣어 위로 빼올려 1줄 매듭을 합니다.

08 캣츠아이 8mm 연두색 1개를 제일 짧은 줄 1줄에 끼운 후 왼쪽에 한줄 오른쪽에 2줄을 잡고 세 가닥 매듭을 1번 합니다. 4줄을 모두 3cm 띄운 지점에서 긴 줄 1줄로 두 번 감은 후 감은 부위의 맨 아래의 줄 안으로 넣어 1줄 매듭을 합니다.

09 1줄에 중국 램프 들꽃 화이트를 끼우고, 4cm 띄우고 긴줄 1줄로 두 번 감은 후 1줄 매듭을 합니다.

10 1줄에 베네치아 비즈 하트 연두를 1개 끼우고 세 가닥 매듭을 1번 합니다. 칠보 마름모를 끼우고 두 번 감아 빼 올린 후 3cm 정도 띄우고 긴줄 1줄로 두 번 감은 후 1줄 매듭을 합니다.

11 홍동릉석 8mm를 끼운 후 3줄 매듭을 1번 짓고, 2cm 띄운 후 긴줄 1줄로 두 번 감은 후 1줄 매듭을 합니다. 그리고 청사금석 8mm를 끼운 후 3줄 매듭을 하고 다시 2cm 정도 띄우고 긴줄 1줄로 두 번 감은 후 1줄 매듭을 합니다. 반대쪽 줄도 06~11번까지의 방법대로 만들어 봅시다.

줄 마무리 매듭하기

12 매듭 줄이 완성되었으면 마무리 매듭을 만듭니다. 왼쪽에 있는 모든 줄을 모아 오른쪽 줄을 두 번 감습니다. 감은 줄 안으로 왼쪽 줄을 넣어 꽉꽉 묶은 후 튀어나온 줄들은 깨끗하게 자릅니다.

13 매듭을 꼭 잡고 오른쪽 줄을 당겨보세요. 오른쪽 줄이 움직여야 마무리 매듭 처리가 잘된 것입니다. 오른쪽 줄을 모두 모아 왼쪽 줄에 위와 같은 방법으로 묶습니다. 양쪽 줄을 잡고 당기면 줄이 길어지면서 매듭은 중앙에 모입니다. 양쪽 매듭을 잡고 당기면 줄이 짧아지고 매듭이 벌어집니다. 마무리 매듭은 부속의 늘이게 체인처럼 줄의 길이를 조정할 수 있습니다. 이제 목걸이가 완성되었습니다.

04
고급스러운 수공예 조각자개로 만든
자개 링 9줄 가죽 매듭

조각 자개 펜던트도 가죽 매듭과 아주 잘 어울립니다.
이 목걸이의 만들기 방법도 세 가닥 매듭의 응용이고 보기에는 여러 줄을
사용하였기 때문에 특별하게 보일뿐 원리는 같은 것이랍니다.

준비물

조각 자개 흑패 오픈 물방울 49mm 1개
다이아몬드 컷 원통 8mm 1개
배네치아 스타일 라운드 보라 20mm 2개
인화석 8mm 4개
신주버니 술통(소)7*6mm 6개
신주버니 술통(대) 16*10mm 2개
자개 2개
가죽줄 1mm 블랙 6m
가죽줄 1mm 진회색 2m

• 예상 제작 시간 : 3시간
• DIY 예상 가격 : 19,800원
• 완제품 예상 가격 : 49,000원
• 난이도 : ★★★★

자개 링 9줄 가죽 매듭 만들기

펜던트에 연결하기

01 가죽줄 블랙 150cm는 4개, 가죽줄 은색 30cm는 5개를 준비합니다. 가죽줄 블랙 2줄과 가죽줄 진회색 1줄을 정중앙에서 7번 3줄 매듭을 합니다. 이렇게 하나를 더 만들어 놓습니다.

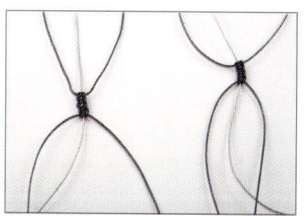

02 진회색 가죽줄 3줄을 링 중간에 걸어줍니다. 1번에서 3줄 매듭한 가죽줄 2개도 매듭 부분이 앞쪽으로 오도록 하고 같이 걸어줍니다. 뒤쪽은 줄만 놓이게 하세요.

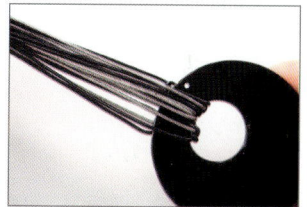

03 3줄 매듭한 가죽줄들의 안쪽에 위치한 블랙 2줄로 중앙에 놓인 진회색 줄 6줄을 한 번에 3줄 매듭을 1번 만듭니다. 다이아몬드 컷 원통 8mm를 끼우고, 다시 블랙 두 줄을 잡고 3줄 매듭을 1번 만듭니다.

04 왼쪽 줄부터 만들어 봅시다. 중앙에 위치한 진회색 6줄을 양쪽으로 3줄씩 나눈 다음 왼쪽에 있는 모든 줄을 함께 한꺼번에 잡고 제일 긴 블랙 줄 1줄로 3번 감아서 위로 빼 올리는 1줄 매듭을 합니다. 오른쪽도 마찬가지로 똑같이 해 놓습니다.

05 이번에는 술통(소)을 왼쪽부터 진회색 가죽줄 3줄 정도에만 끼웁니다. 그리고 제일 긴 블랙 가죽줄로 모든 줄을 모아서 4번 정도 감은 후 1줄 매듭을 합니다.

06 사진처럼 1줄 매듭 바로 윗부분에서 진회색 줄을 모두 자른 다음 본드 칠을 합니다. 여기까지가 펜던트에 매듭을 연결하는 중요 포인트 부분이고, 가장 멋있는 가죽 매듭의 독특한 매력을 주는 부분입니다.

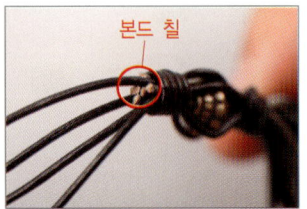

본드 칠

줄 만들기

07 줄 만들기는 앞의 샘플에서 많이 만들어 본 방식을 자유자재로 만들면 됩니다. 오른쪽 줄부터 만듭시다. 블랙 4줄 중 짧은 줄 1줄에 술통(대)를 끼웁니다. 3줄 매듭을 한 후 인화석 8mm를 끼우고 3줄 매듭을 1번 합니다.

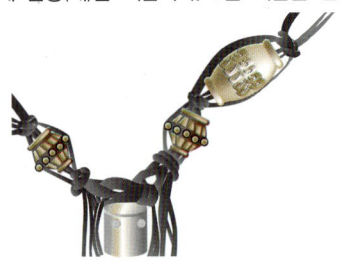

08 2cm 띄워서 3줄 매듭을 1번합니다. 줄 하나에 자개를 끼운 다음 3.5cm 띄우고 1줄 매듭을 합니다.

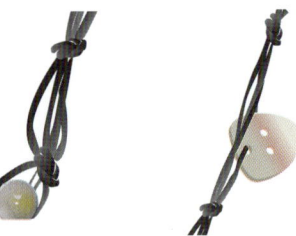

09 베네치아 스타일 라운드 보라 20mm를 끼우고 3줄 매듭을 1번하고 술통(소)을 끼우고 3줄 매듭을 합니다.

10 그런 다음 6cm 정도 띄우고 1줄 매듭하고, 인화석 8mm를 1개 끼워 3줄 매듭을 합니다. 2cm 정도 띄워서 1줄 매듭하고 술통(소)을 끼워서 3줄 매듭하고 다시 1cm 정도 띄우고 1줄 매듭을 합니다. 왼쪽 줄도 오른쪽 줄과 똑같이 한 다음 줄 마무리 매듭을 해서 완성합니다.

1cm

2cm

6cm

술통(소)

술통(대)

3.5cm

2cm

베네치아 스타일 라운드 보라

자개

인화석 8mm

다이아몬드 컷 원통 8mm

05

사각 노리개

한복을 입을 때는 예쁜 크리스탈로 만든 노리개를 한번 달아보세요. 노리개 줄을 이용하여
크리스탈로 모티브를 만들어 달면 고급스럽고 우아한 노리개가 완성됩니다. 한복에 장식하면
스칠 때마다 반짝이는 빛이 너무나도 아름답습니다.

사각 노리개 만들기

준비물

크리스탈 올리바인 SA 4mm 70개
크리스탈 라임 4mm 90개
크리스탈 존퀼 4mm 100개
노리개 장식 1개
낚싯줄(3호) 3m

• 예상 제작 시간 : 3시간 30분
• DIY 예상 가격 : 24,900원
• 완제품 예상 가격 : 57,000원
• 난이도 : ★★★

모티브 만들기

01 낚싯줄을 150cm 크기로 자른 후 크리스탈 올리바인 사틴 4mm 4개를 끼웁니다. 오른쪽 줄로 마지막에 끼운 크리스탈에 교차합니다.

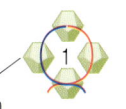

크리스탈 올리바인 사틴 4mm

02 왼쪽 줄에 크리스탈 라임 4mm 2개를 끼우고, 오른쪽 줄에 존퀼 4mm 1개를 끼웁니다. 왼쪽 줄에 마지막에 끼운 크리스탈 라임 4mm에 교차합니다.

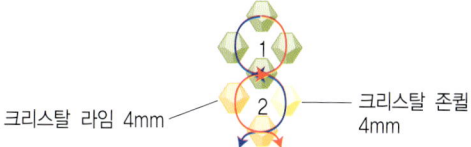

크리스탈 라임 4mm
크리스탈 존퀼 4mm

03 도안의 번호 순서대로 색깔을 잘 맞추어 방향을 바꾸어가면서 사각 만들기로 만들면 됩니다. 똑같은 평면 모티브 앞, 뒷면 2개를 만들어 줍니다. 도안 49번 위치에서 낚싯줄을 자를 때 바로 자르면 낚싯줄 끝이 뾰족하게 튀어나오므로 반드시 다시 다른 비즈들로 되돌린 후 자릅니다.

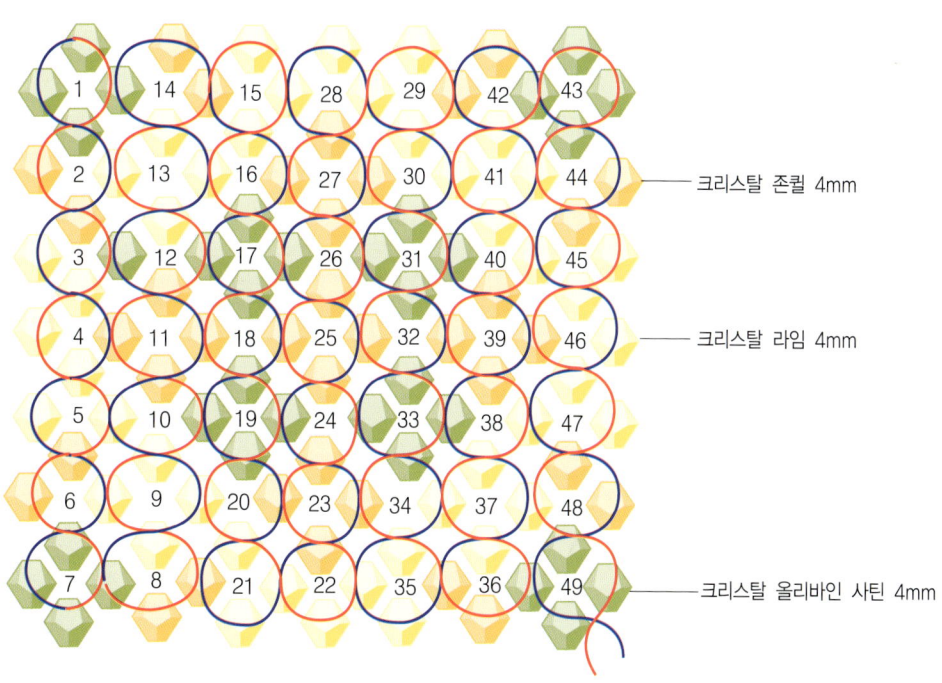

크리스탈 존퀼 4mm
크리스탈 라임 4mm
크리스탈 올리바인 사틴 4mm

옆면 붙이기

04 낚싯줄에 가1의 위치에서 크리스탈 올리바인 사틴 4mm 1개를 끼워 양쪽 모티브의 같은 위치에 있는 크리스탈을 통과하고 왼쪽 줄에 라임 4mm 1개를 끼워 오른쪽 줄로 교차합니다. 한 바퀴 돌아가면 옆면을 이어주되 도안의 1과 2번 위치와 3과 4번 위치를 이어줄 때는 반드시 노리개를 먼저 끼우고 이어주어야 합니다.

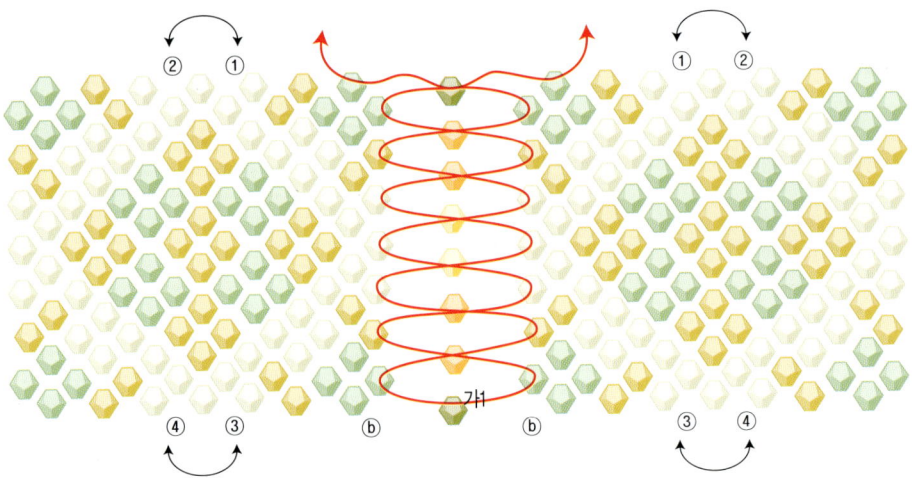

매듭 줄 정리하기

05 모티브가 끼워질 부분의 매듭 줄을 예쁘게 정리합니다. 모티브의 길이가 4cm입니다. 매듭 줄에서 4cm 정도로 줄을 당긴 후 예쁘게 돌려 묶고 약간 띄워 한 번 더 매듭을 만들어 주고 2cm 정도만 남기고 불필요한 줄은 자릅니다. 두 번째 묶은 매듭은 크리스탈 안으로 들어가기 때문에 두 번째 매듭에 풀리지 않게 본드를 2방울 떨어뜨려 줍니다.

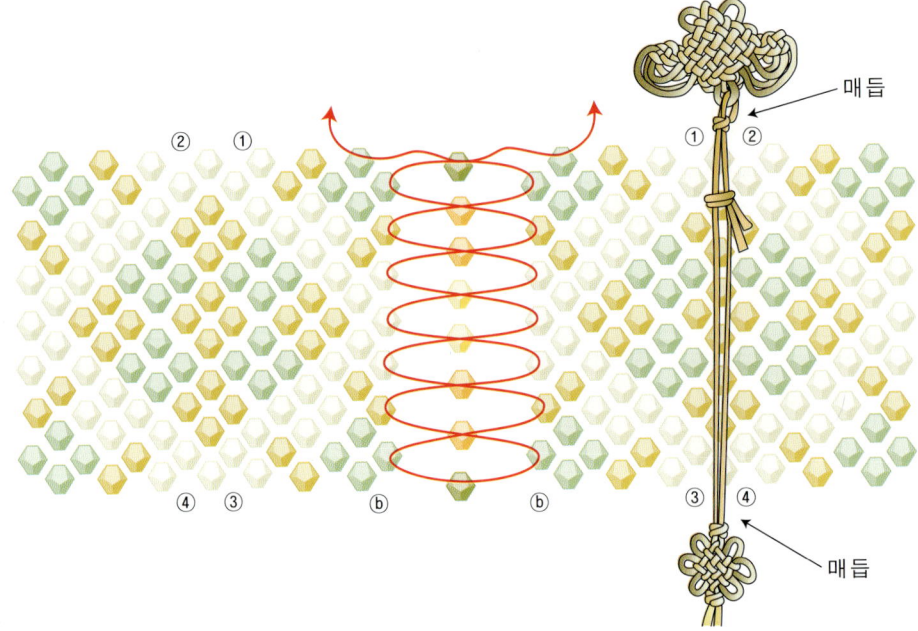

매듭

매듭

06 옆면 붙일 때 도안의 2번 위치에 양쪽 줄이 크리스탈 존퀼 4mm에 교차되어 있을 것입니다. 그러면 양쪽 줄은 모티브의 크리스탈 존퀼 4mm를 통과하고 노리개의 두 번째 묶은 매듭은 모티브 안으로 들어가게 끼웁니다. 그리고 왼쪽 줄에 크리스탈 존퀼 4mm를 끼워 오른쪽 줄로 교차합니다.

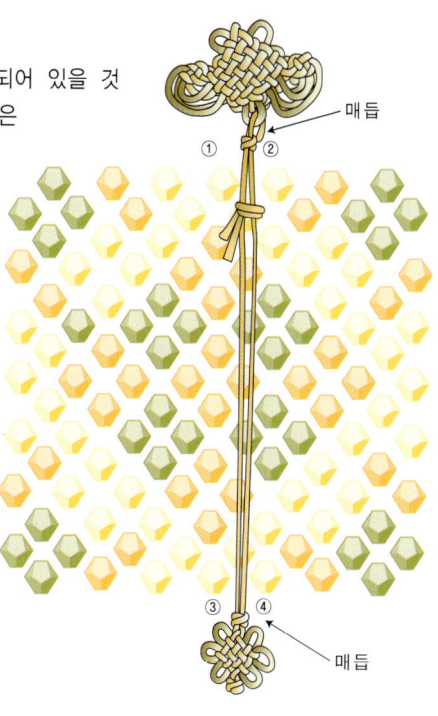

07 계속하여 옆면을 만들어 주고 3번 위치에서 매듭 줄을 가지런히 세워서 끼우고 크리스탈에 교차하고 만들어갑니다.

08 옆면 붙이기가 다 되면 낚싯줄이 만나는 지점에서 두 번 묶고 시드 비즈를 다시 여러 번 통과시킨 후 잘라서 낚싯줄 끝이 튀어나오지 않게 합니다.

PART 9

유명 비즈샵에서 추천하는
개성 넘치는 액세서리

01 크리스탈 진주 목걸이

준비물

크리스탈 진주 라이트 그레이 12mm 1개
크리스탈 진주 라이트 그레이 10mm 1개
크리스탈 진주 라이트 그레이 8mm 4개
크리스탈 진주 라이트 그레이 6mm 10개
크리스탈 진주 라이트 그레이 4mm 16개
BL 체인 백금 도금 1m
구핀 백금 도금 12개
티핀 백금 도금 20개
오링 백금 도금 5개
늘이게 체인 백금 도금 1개
랍스터 백금 도금 1개

크리스탈 진주 목걸이 만들기

01 크리스탈 진주 구핀 연결고리를
만들어 놓습니다.

02 크리스탈 진주로 티핀
연결고리를 만들어 놓습니다.

6mm 7개   4mm 12개

12mm 1개   10mm 1개   8mm 3개   6mm 3개   4mm 4개

03 도안과 같이 체인에 구핀 티핀 작업한 것을 연결해주고
오링을 이용하여 연결하여 주면 예쁜 목걸이가 완성됩니다.

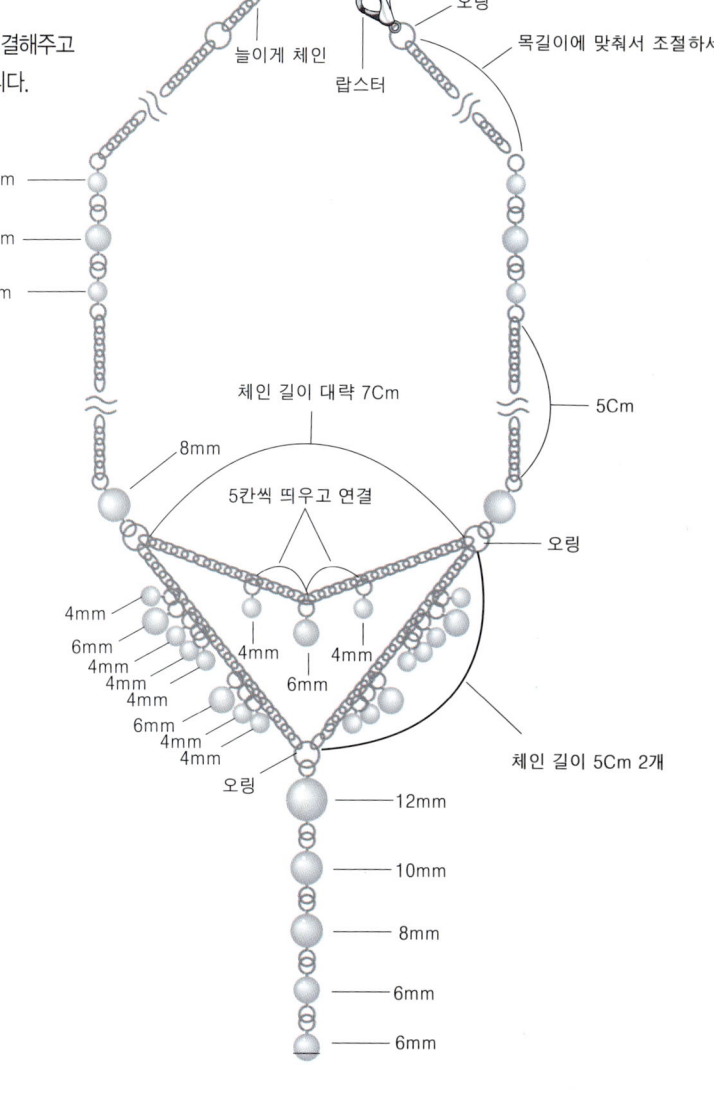

늘이게 체인

오링

목길이에 맞춰서 조절하세요

랍스터

4mm
6mm
4mm

8mm

체인 길이 대략 7Cm

5칸씩 띄우고 연결

5Cm

오링

4mm
6mm
4mm
4mm
4mm
6mm
4mm
4mm

4mm   4mm
6mm

오링

체인 길이 5Cm 2개

12mm
10mm
8mm
6mm
6mm

미미코 제주점(구슬&미)

제주도에서 가장 큰 매장이고 제품이 매우 많이 있습니다.
구슬&미에서 품질좋은 비즈재료와 비즈강습을 받아보세요. 제
주시민께서 본 책의 diy 구매와 작품 수강을 원하시면 구슬&
미로 오시면 됩니다.

■ **전화** : 064-723-7366
■ **수강과목** : 비즈공예 : (전문가반)/(취미반)
　　　　　　　와이어공예(쥬얼리) : (전문가반)/(취미반)
　　　　　　　와이어공예(소품) : (전문가반)/(취미반)
　　　　　　　직조(스티치포함) : (취미반)
■ **주　소** : 제주시 이도1동 1480-2번지

02 와이어 플라워 초커 목걸이

작품하나(비즈갤러리-쌍문점)
쉽고, 간편하고, 자신의 개성에 맞는 액세서리 또는 소품을 만들 수 있는 곳이랍니다. 취미반에서
전문자격증반까지 원하는 진로에 따라 다양한 프로그램을 접할 수가 있습니다. 망설이지 말고
무언가 만들려는 마음과 자신감만 가지고 오시면 됩니다.

■ **수강내용** : – 비즈공예 : (전문가반) 2급강사, 2급사범, 주니어
　　　　　　　　　자격증반/(취미반)
　　　　　　　– 생활소품와이어반 : (인증서반)/(취미반)
　　　　　　　– 아트클레이월드(은점토공예) : (전문가반)/(취미반)
　　　　　　　– 크리스탈아트분재&플라워 : (전문가반)/(취미반)
　　　　　　　– 직조공예(취미반)
■ **교육시간** : – 월~금 AM 10:30 ~ PM 9:00
　　　　　　　– 토　　 AM 10:30 ~ PM 7:00
■ **주소** : 서울시 도봉구 쌍문2동 85-36 1층
■ **전화** : 02-997-7827

와이어 플라워 초커 목걸이 만들기

01 24G(0.5mm) 아티스틱 와이어를 50cm 자른 후 굵기 0.4mm 알루미늄 와이어 봉에 아티스틱 와이어를 0.5mm 가량 감아줍니다.

02 아티스틱 와이어에 시드 비즈를 대략 200개 정도 끼우고 0.4mm 알루미늄 와이어 봉에 시드 비즈가 벌어지지 않도록 손으로 잘 잡고 촘촘히 감아줍니다.

03 시드 비즈 넣은 것을 다 말았으면 마무리로 아티스틱 와이어를 다시 0.5mm 가량 감아주고 자른 후 알루미늄 와이어 봉을 떼어냅니다.(2개 준비합니다.)

04 이번에는 시드 비즈를 130개 정도 넣고 위와 같은 방법으로 시드 비즈 코일링 모티브를 만듭니다.(2개 준비합니다.)

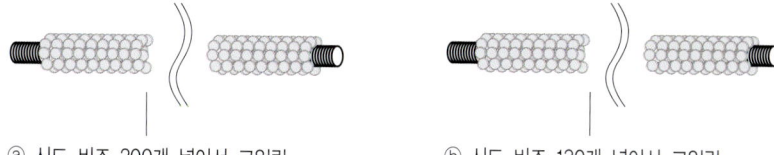

ⓐ 시드 비즈 200개 넣어서 코일링   ⓑ 시드 비즈 130개 넣어서 코일링

05 굵기 0.2mm 되는 알루미늄 와이어 봉에 24G(0.5mm) 아티스틱 와이어를 5cm 정도 될 때까지 촘촘하게 감아 스프링처럼 만듭니다.

06 다른 아티스틱 와이어로 굵기 0.2mm 되는 알루미늄 와이어 봉에 다섯 번 정도 감아주고 자른 후 알루미늄 와이어 봉을 떼어냅니다.(2개 준비합니다.)

ⓒ 아티스틱 와이어로만 코일링

07 0.8mm 와이어의 끝에 구자집게로 동그랗게 연결고리를 만든 후 도안과 같이 순서대로 껴주고 구자 말이로 마무리한 후 랍스터와 늘이게 체인을 연결해주면 예쁜 목걸이가 완성됩니다.

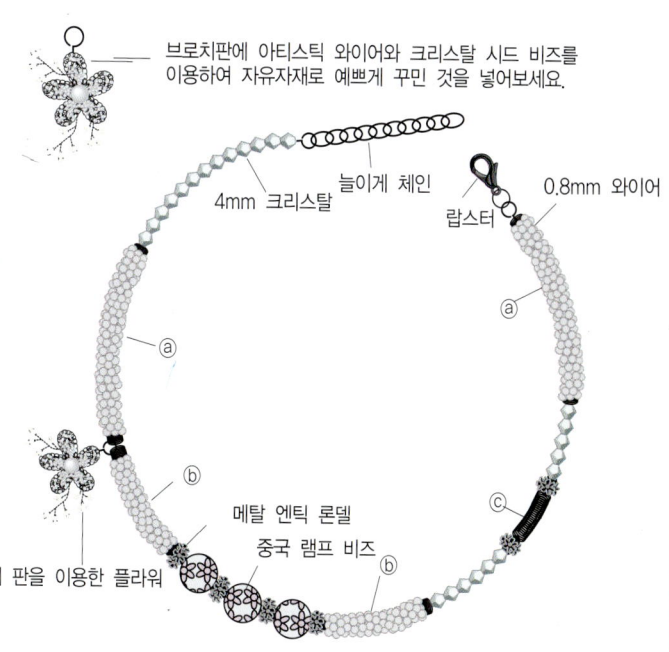

브로치판에 아티스틱 와이어와 크리스탈 시드 비즈를 이용하여 자유자재로 예쁘게 꾸민 것을 넣어보세요.

4mm 크리스탈   늘이게 체인   랍스터   0.8mm 와이어

메탈 엔틱 론델
중국 램프 비즈

브로치 판을 이용한 플라워

03 인디언풍 목걸이

준비물

페리도트 사틴 3mm 24개
시드 비즈 레드 계열 12개
각진 캣츠아이 4mm 보라 12개
존퀼 AB 4mm 12개
도라도 4mm 12개
라이트 아메지스트 4mm 12개
토르마린칩 12개
가넷 4mm 12개
각진 캣츠아이 4mm 남색 12개
청사금석 4mm 12개
라이트 콜로라도 토파즈 4mm 12개
사이암 4mm 12개
산호석 뿔 32개
시드 비즈 메탈 계열 30g
그물망 비즈 6개
오링(대) 2개
구핀 2개
비드팁 2개
고정볼 2개
늘이게 체인 1개
랍스터 1개

인디언풍 목걸이 만들기

목걸이 줄 만들기

01 낚싯줄 세 줄을 비드팁과 고정볼을 이용하여 고정하여 주고 각 줄에 시드 비즈를 10cm 될 때까지 넣어주고 세 가닥을 머리 땋는 것처럼 땋아준 뒤 메탈 구슬에 세 줄을 통과합니다.

02 세 줄에 시드 비즈를 13cm 정도 넣어준 뒤 1번과 같이 땋아주고 메탈 구슬에 통과합니다.

03 세 줄에 시드 비즈를 6cm 될 때까지 넣어준 뒤 메탈 구슬에 통과해 준 뒤 세 줄을 비드팁과 고정볼을 이용하여 고정해주면 목걸이 줄이 완성됩니다.

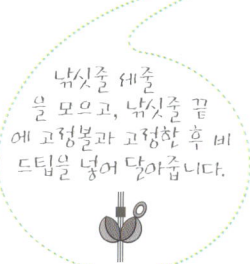

낚싯줄 세 줄을 모으고, 낚싯줄 끝에 고정볼과 고정한 후 비드팁을 넣어 달아줍니다.

목걸이 모티브 만들기

04 이 목걸이 모티브의 요점은 여러 가지 크리스탈과 원석을 위의 도안과 같이 사각뜨기를 해주면 펜던트가 완성됩니다. 위쪽 오른쪽 부분에서 사각뜨기가 완성되면 왼쪽 줄을 도안처럼 이미 끼워져 있는 크리스탈을 통과한 사이사이 시드 비즈를 1개씩 끼우고 지그재그로 통과하여 오른쪽 줄과 만나게 하여 묶습니다.

05 펜던트가 완성되면 양 위쪽에 오링을 달고 목걸이 줄과 연결하면 예쁜 목걸이 가 완성됩니다.

10Cm

13Cm

6Cm

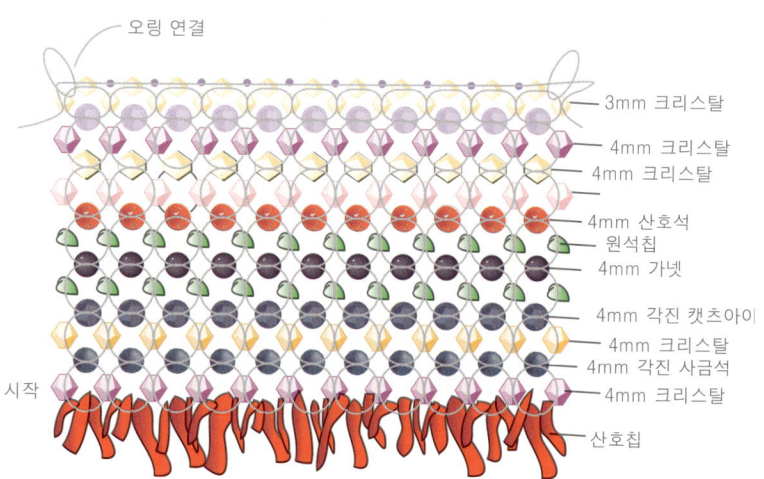

오링 연결

3mm 크리스탈
4mm 크리스탈
4mm 크리스탈
4mm 산호석
원석칩
4mm 가넷
4mm 각진 캣츠아이
4mm 크리스탈
4mm 각진 사금석
4mm 크리스탈
산호칩

시작

성&랑

용인의 수공예 명물샵 성&랑입니다. 재료 판매, 완제품 구입, 취미반강습, 수공예 전문가를 양성, 지도하고 있으며 배출된 강사들은 학교 특활 활동등 다양한 강습활동을 하고 있습니다.

■ **수강과목** : 비즈공예, 와이어공예, 리본공예, 퀼트공예, 펠트공예, 선물포장
■ **주소** : 경기도 용인시 김량장동 321번지(대중교통 이용시 중앙파출소 하차)
■ **전화** : 031-336-4869
http://cafe.daum.net/giibun

신데렐라 비즈 & 리본
비녀

준비물

조각 자개 흑패 오픈 물방울 49mm 1개
다이아몬드 컷 원통 8mm 1개
배네치아 스타일 라운드 보라 20mm 2개
인화석 8mm 4개
신주버니 술통(소) 7 * 6mm 6개
신주버니 술통(대) 16 * 10mm 2개
자개 2개
가죽줄 1mm 블랙 6m
가죽줄 1mm 진회색 2m

비녀 만들기

01 도안과 같이 꽃볼을 만들어 비녀대에 끼웁니다.

02 동선을 크리스탈에 끼운 후 시드 비즈를 동선에 끼웁니다. 비녀대에 본드를 묻힌 후 시드를 감아줍니다.

크리스탈 꽃볼

비녀대

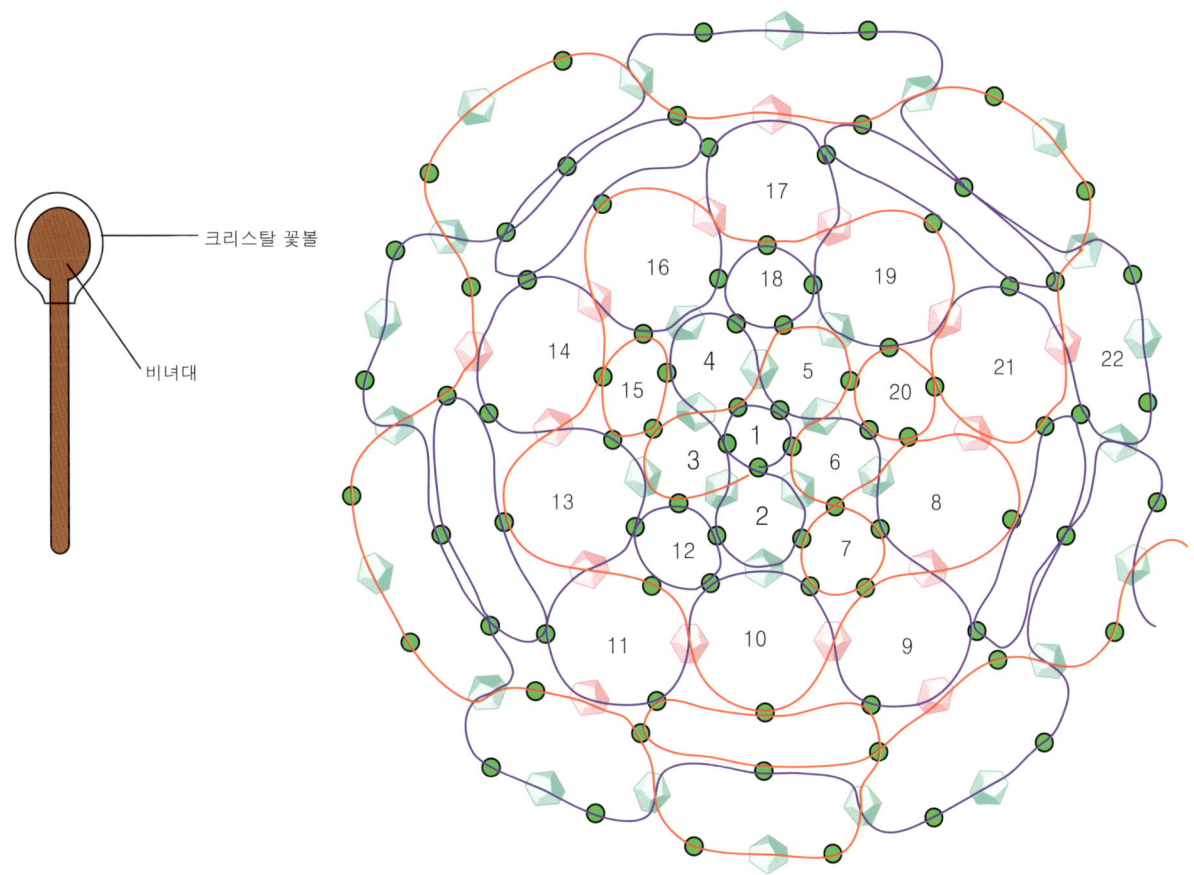

아트스쿨 문화센터(양재)

준비물

낚싯줄 3m
크리스탈 AB 3mm 41개 정도
스모키 토파즈 4m 150개 정도
시드 비즈 브론즈 100개 정도
시드 투명 비즈 15개 정도
시드 비즈 막대 4개 정도

돛단배 만들기

01 도안과 같이 배의 각 부분을 만듭니다. a와 a'는 같은 크리스탈이고, 배 밑바닥 도안에서 흐릿한 부분은 배본체 도안의 흐릿한 부분입니다.

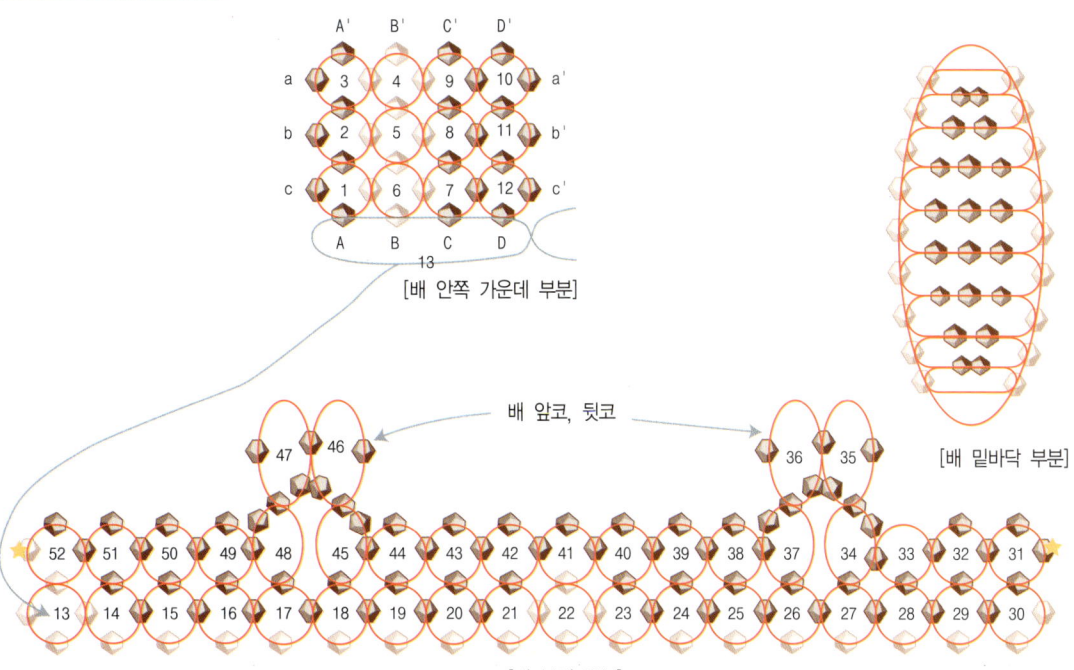

[배 안쪽 가운데 부분]

배 앞코, 뒷코

[배 밑바닥 부분]

[배 본체 부분]

02 돛대 도안 23번에서 흐릿한 부분은 1~11번까지의 가장자리의 흐릿한 부분으로 다 해놓으면 원통이 됩니다.

시드 비즈 브론즈
시드 비즈 투명
크리스탈 AB 3mm

03 도안에서 흐릿한 부분은 1번 도안의 배 안쪽 가운데 부분에서 흐릿한 부분입니다. (1)~(4)번은 02의 돛대 도안에서 밑부분입니다.

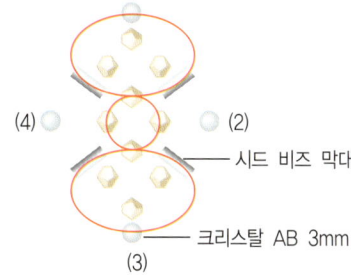

(1)
(4)   (2)
시드 비즈 막대
(3)
크리스탈 AB 3mm

키스 오메가 목걸이 세트

이오클래식(한국공예사랑협회)

사단법인 한국공예사랑협회는 아름다운 삶을 위하여 창조적, 생산적이며
자기개발과 가족공동체와 지역,나아가 세계로의 그 속에 특별함 이 있는
문화정립과 삶에 꿈을 향상하는 많은 정보를 제공할 것을 약속하며 공예문화가
단순한 기대가 아닌 현실로 다가올 때 진정한 공예인의 모습으로 거듭 날수
있는 긍지와 자부심을 느낄 수 있도록 최선을 다합니다.

- 협회본사 : 서울 마포구 동교동 205-9 삼호빌딩 201호 02-326-2225
- 서울본부 : 서울시 동작구 사당1동1048-36 플러스빌딩1층 02-3474-5259
- 도현 아트스쿨 : 성남본부 경기도 성남시 분당구 구미동 24-1 031-728-2822
- 현대 벤처빌 2층 리본이야기 : 이천본부 경기도 이천시 부발읍 신하3리 369-101호 031-638-9336
- 리본&비즈 : 광주본부 광주시 서구 상무2동 1244-7호 062-373-6863
- 아름다운공예사랑
- 동두천본부 011-9766-4277
- 대전본부 : 대전시 대덕구 법동 201-1 아름다운공예사랑 042-633-3773
- 전북본부 : 전북 익산시 영등동 830-7 / 롯데마그넷 주차장 앞 063-833-12
- 대구본부 : 남구 대명 1동 736 경북과학대학교 053-622-9647 교육문화관 1
- 구미본부 : 경북 구미시 황상동 307-42 054-473-5396
- 서울은평지부 : 서울시 은평구 대조동 80-2 미사랑 공방 02-384-5731
- 경기일산지부 : 경기도 고양시 일산구 주엽동 031-911-1420 / 태영프라자 3층 322호 인어이야기

키스 오메가 목걸이 만들기

펜던트 만들기

01 아래 도안과 같이 낚싯줄에 비즈를 끼워서 펜던트를 만듭니다.

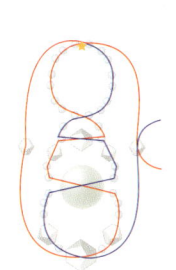

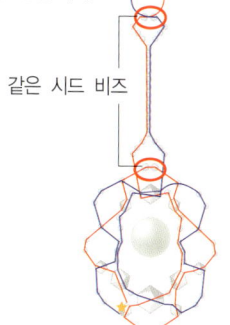

같은 시드 비즈

고리장식 만들기

02 2호 낚싯줄로 도안과 같이 극소 비즈로 오픈 원을 만듭니다. 이제 오픈 원을 가장자리에 있는 극소 비즈를 하나씩 통과한 후 일반 비즈로 교차하여 안쪽을 메워줍니다.

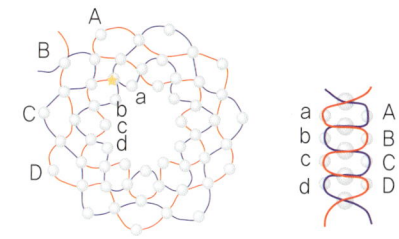

목걸이 줄 만들기

03 시드 비즈를 이용하여 옆면을 채워주고 크리스탈로 교차한 다음 펜던트 고리를 만듭니다. 각 줄에 시드 비즈 3개를 넣고 크리스탈 맞은편에 있는 시드 비즈 두 개에 교차해 두 줄을 만나면 묶어주고 되돌리기 해줍니다.

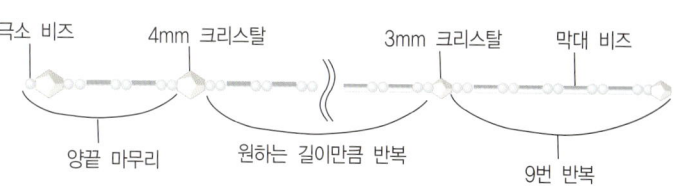

극소 비즈   4mm 크리스탈   3mm 크리스탈   막대 비즈

양끝 마무리   원하는 길이만큼 반복   9번 반복

키스 오메가 반지 만들기

04 도안과 같이 반지 모티브를 만듭니다. 손가락 사이즈만큼 막대 비즈로 반지링을 만들고 도안과 같이 작은 반지 모티브를 만들고 큰 반지 모티브 만들듯이 같은 방법으로 옆면을 채워줍니다.

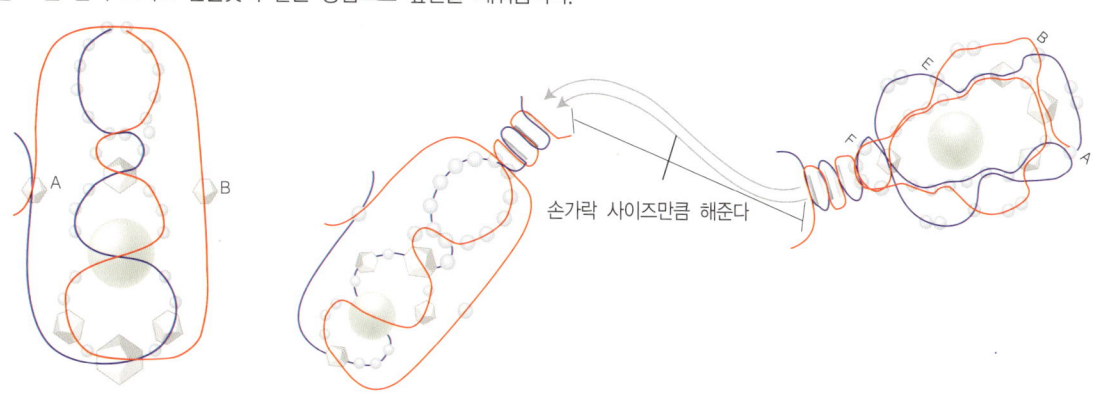

손가락 사이즈만큼 해준다

크리스탈 캐러멜 팔찌

준비물
캣츠아이 올리브 그린 6mm 25개
캣츠아이 라이트 브라운 8mm 8개
크리스탈 AB 6mm 24개
인디콜라이트 4mm 20개
크리스탈 3mm 96개
시드 비즈 브론즈 134개
오링(백금 도금) 2개
낚싯줄 3호 약 1.5m

크리스탈 캐러멜 팔찌 만들기

01 환소 브론즈를 시작으로 모티브를 만듭니다. 도안을 참고로 만들되 단단히 당겨가면서 만들어야 합니다. 그림에 표시된 부분 1을 3번 더 반복(총 4번)하세요.

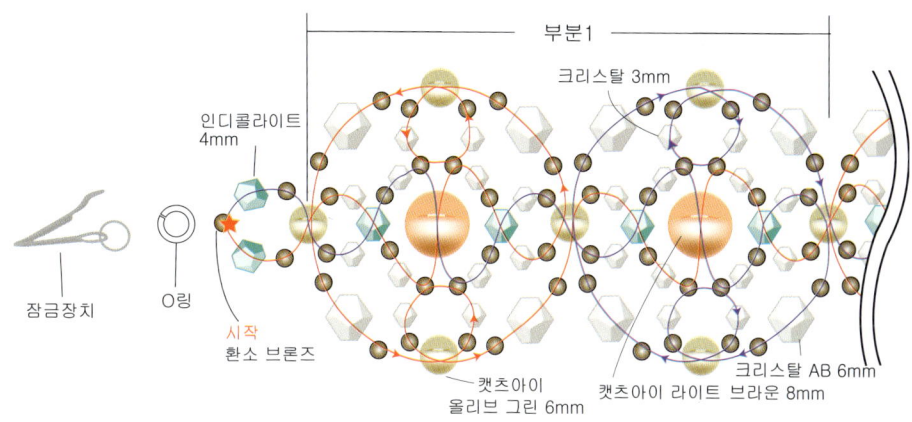

부분1

인디콜라이트 4mm

크리스탈 3mm

잠금장치 O링

시작 환소 브론즈

캣츠아이 올리브 그린 6mm

캣츠아이 라이트 브라운 8mm

크리스탈 AB 6mm

02 01의 부분 1을 4번 반복하고, 마지막에는 테그스를 단단히 묶고, 테그스를 주변 비즈에 여러 번 통과시키고 남은 테그스는 잘라주세요. 시작 부분과 끝 부분에 오링으로 잠금 장치를 연결해주면 완성됩니다.

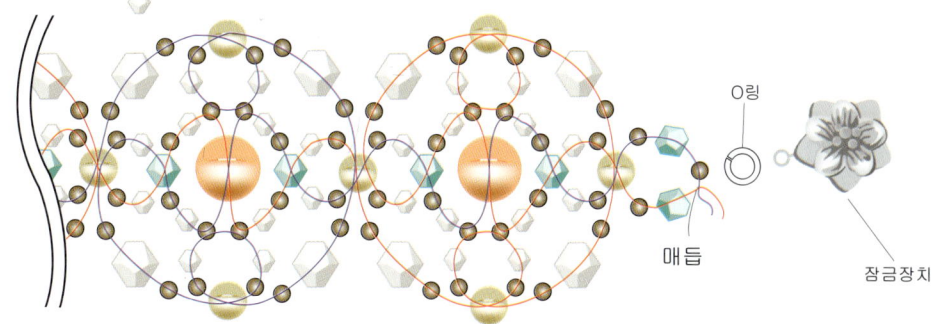

O링

매듭

잠금장치

JNC 핸드메이드(낙성대)
J&C handmade에서는 비즈 외에 아트클레이와 다른 공예를 배울 수 있습니다
특히 직장인도 편하게 배울 수 있도록 늦은 10시까지 운영합니다.
예쁜 공예로 마음까지 고와지는 J&C handmade와 함께 하세요.

■ **팔찌 디자이너** : 송명주
■ **호롱불 디자이너** : 김양현
■ **월~금요일까지 수강가능**(오전10시~저녁10시까지)
■ **수강과목** : 비즈공예, 와이어공예, 리본공예, 펠트공예, 아트클레이
■ **주소** : 서울시 관악구 봉천6동 1690-4 1층
■ **전화** : 02-889-6439/010-3124-6424
■ **부산-전화** : 011-9547-1918
■ www.jnchandmade.com

08 로맨틱 스타일 패션 액세서리

헤디스 비즈

헤디스비즈
헤디스비즈는 백화점과 롯데마트 등 대형 유통업체에 완제품을 납품하는 업체로 패션 유행의 흐름을 반영하는 것이 특징이며 패션 액세서리(도금 제품) 라인과 실버 라인을 운영하고 있습니다. 국내에서 가장 오래된 회사(1999년 오픈)로 자체 제작된 소재를 많이 사용하며,부자재도 고가의 도금을 하여 사용합니다. 온라인 강습과 오프라인 강습 중 선택하실 수 있으며, 과정은 비즈 주얼리와 와이어 주얼리 두 과정이 있습니다. 두 과정을 모두 배우신 분 중 원하시는 분께는 자격증을 발행하며, 강습을 할 수 있게 패키지 판매를 지원하고 있습니다. 수강생 중 창업지망생이 많은 것이 특징입니다.

준비물

반지
반지 벌집 1개
반지대 1개
스톤 보트형 1개
스톤 원형 4mm 1개
보트형 1개
원형 4mm 1개
큐빅 4mm 1개
낚싯줄 80 cm

자르곤 귀고리
아티스틱 와이어 28G 1m
투어마린 론델 3mm 10개
지르곤 6×8mm 2개
체인(백금 도금) 10cm
귀고리(소) 2개
오링 2개

캣츠아이 귀고리
컷딩드롭 4×6mm 10개
크리스탈 3mm 16개
파트(하트형) 2개
귀고리 1쌍(2개)

로맨틱 스타일 패션 액세서리 만들기

반지 만들기

01 벌집의 오목한 부분이 아래쪽입니다. 낚시줄 80cm를 잘라 그림에서와 같이 아래 부분으로 내려 한 줄은 5cm가 되게 하여 매듭을 짓습니다.

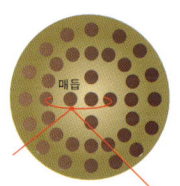

02 윗부분에서 바라봤을 때 1, 2, 3, 4의 구멍을 이용하여 낚싯줄로 쥬얼리스톤 타원형을 단단히 고정시킵니다. 5, 6, 7, 8에 쥬얼리스톤 보트형, 9, 10, 11, 12에 보트형 12, 13의 구멍에 쥬얼리 스톤 라운드 4mm를 고정합니다. 줍니다. 14, 15에 라운드 4mm를 고정하고 낚싯줄을 아래로 빼어 처음에 남겨둔 5cm와 매듭하여 잘라줍니다.

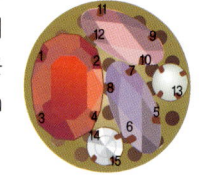

03 벌집판을 반지대에 올려 롱노우즈로 고정합니다.

[윗면]   [옆면]

지르콘 귀고리 만들기

01 와이어의 끝을 동그랗게 2번 정도 말아 투어마린 론델을 넣어 라운드 롱로우즈로 동그랗게 잡아 2~3번 돌려서 와이어를 자릅니다. 다른 론델도 다 똑같이 만들어 놓습니다.

02 와이어를 납작드롭에 통과 시켜 한쪽을 짧게 하여 윗부분에 두줄이 만나 긴 줄에 2번 정도 돌려 잘라줍니다. 남은 긴 와이어에 1에서 만들어 놓은 론델들을 순서없이 10개를 끼웁니다. 다 끼고 나면 와이어를 체인의 맨끝에 넣어 동그랗게 라운드 롱로우즈로 만들어 밑에서 2~3번 돌려 끊어줍니다.

03 체인의 길이를 원하는 대로 자르고 끝 부분에 와이어로 동그랗게 고리를 만들어 주고 론델을 끼워 다시 동그랗게 고리를 만들어 마무리합니다. 귀걸이를 달아주면 완성입니다.

캣츠아이 귀고리 만들기

01 컷팅드롭을 티핀에 끼워 0.9mm가 되도록 잘라 라운드 롱로우즈로 동그랗게 말아줍니다. 주판알도 양쪽 다 말아서 왼쪽 그림과 같이 연결하여 파트 부속에 연결하여줍니다.

02 캣츠아이 카보션을 파트의 난집부분에 넣고 롱로우즈로 난집의 이빨을 닫아주고 파트의 윗부분에 귀걸이를 달아 완성합니다.

헤디스비즈
- **수강내용** : 비즈 쥬얼리, 와이어 쥬얼리
- **교육시간** : 월-금요일(오전 11시 ~ 오후 8시)
  토요일(압구정 오후 6시까지, 이대 오후 8시까지)
- **이대 직영점**
  - 전화 : 02-312-7187
  - 찾아오시는 길 : 지하철 2호선 이대입구역 3번 출구,이대 정문방향으로 직진 두 번째 골목내
  - 홈페이지 : www.heddysbz.com, www.beadsdomae.com
  - 쿠폰지참 시 수강료 5% 할인

전국의 비즈공방

서울 지역

■ **미미코**/비즈공예 전문 샵, 인터넷 쇼핑몰, 취미반, 전문가반, 창업반, 교육강사 양성반 프로그램 운영/02-598-0971 서울특별시 서초구 서초동 1328-7 대우 도씨 에빛빌딩 509호

■ **모나미비즈**/비즈공예, 액세서리 등 비즈관련 재료 도소매 전문/02-2263-7008 서울특별시 종로구 종로6가 289-3 동대문종합시장 B동 5070호

■ **비즈손**/원석, 크리스탈 등 비즈공예 재료 취급, 도안 제공 및 완제품 판매/02-355-9278 서울특별시 은평구 대조동 48-9

■ **비즈샤**/관악구 신림동에 위치한 비즈공예 쇼핑몰/02-873-3742 서울특별시 관악구 신림동 1415-4

■ **작품하나 비즈겔러리 쌍문점**/02-997-7827 서울특별시 도봉구 쌍문2동 85-36 1층

■ **아트스쿨**/비즈공예, 와이어공예/02-3461-4125 서울특별시 강남구 도곡동 902-5번지 호영빌딩 301호

■ **이오클래식**/비즈공예 수강 및 전문판매점/02-326-2225 서울특별시 마포구 동교동 205-9

■ **예담비즈아카데미**/비즈공예, 구슬공예 나만의 액세서리 강습 완제품 및 재료 판매 명동/02-741-8322 서울특별시 중구 남산동 2가 27-5

■ **비즈본 아카데미**/비즈공예 전문 학원, 와이어, 직조, 스티치 강습 및 재료판매/02-765-0932 서울특별시 종로구 혜화동 133-1

■ **비즈친구**/비즈공예 재료 판매, 온 오프라인 동시 운영, 수강, 자격증/02-421-2680 서울특별시 송파구 석촌동 276-12

■ **비즈파티**/1대1 맞춤 비즈샵, 비즈공예, 와이어공예/02-2691-8673 서울특별시 강서구 화곡2동 874-1호

■ **소브몰**/크리스탈, 원석, 우드, 자개 및 메탈 등 비즈공예 재료 판매/02-3676-1599 서울특별시 종로구 묘동 175 이화빌딩 3층

■ **크래프트 이랑**/순은점토, 한국구슬공예협회 자격증 획득 과정 운영/02-3487-0078 서울특별시 서초구 방배1동 935-27

■ **푸쉬케**/동작구 노량진동 소재, 비즈공예, 드레스인형 전문/02-814-9740 서울특별시 동작구 노량진동 330

■ **JNC 핸드메이드(낙성대)**/비즈공예, 트클레이 등의 공예 강습/02-889-6439 서울특별시 관악구 봉천6동 1690-4 1층

경기 지역

■ **비즈&와이어라인**/비즈공예, 와이어공예, 비즈 와이어 접목, 다양한 재료 판매/032-505-4181 인천시 부평구 부평동 207-58 1층

■ **비즈스쿨**/핸드메이드 액세서리 판매, 수업 운영 및 재료 도소매/032-611-1128 경기도 부천시 원미구 상동 325-21

■ **성&랑**/비즈재료, 완제품 판매 및 수업 운영/031-336-4869 경기도 용인시 김량장동 136-3

■ **비쥬몰**/악세사리 온라인 쇼핑몰, 포토 팬던트, 목걸이, 귀걸이, 실버, 비즈 악세사리/019-382-8297 경기도 남양주시 도농동 25-32 동화@802 호

■ **비즈엔아트**/목걸이, 귀걸이, 팔찌 등 비즈 수공예 전문/031-769-9486 경기도 광주시 송정동 71-14

■ **비즈컬렉션 구운점**/비즈공예 지도 및 부자재 판매 전문/031-295-4380 경기도 수원시 권선구 구운동 504-9

■ **보물하우스**/비즈공예 전문 쇼핑몰/031-916-3070 경기도 고양시 일산서구 대화동 2215번지

■ **까망개구리**/비즈공예, 펠트인형공예, 리본공예 및 코튼돌 지도 전문/031-253-3807 경기도 수원시 팔달구 교동 92-1

■ **소금창고**/핸드폰줄, 반지, 목걸이 등 비즈공예 액세서리 판매 및 비즈강의/016-753-8212 경기도 부천시 원미구 원미동 82-15번지 태진빌딩 703호

■ **아트비즈**/비즈공예 강좌 및 비즈재료 도소매, 도안 제공/031-222-8698 경기도 화성시 태안읍 진안리 524-1 메트로프라자 506호

■ **플로라**/비즈, 펠트, 리본 공예 자격증반 및 취미반 수강, 완제품 판매/031-265-5266 경기도 용인시 수지구 신봉동 33 센트럴500 1층

■ **황실십자수**/십자수, 비즈공예, 와이어공예/031-215-9377 경기도 수원시 영통구 매탄1동 131-2번지(수원 법원 사거리 매탄동 버스 정류장 신갈 방면 앞)

부산 지역

■ **한국비즈문화원**/부산 위치, 구슬공예 전문, 비즈공예 자격증, 취미, 창업반 안내/051-806-1588 부산광역시 부산진구 부전동 267-17 4층

■ **산마을**/비즈 소재 팔찌, 귀고리, 목걸이 및 비즈 네일아트, 비즈발 제작 및 판매/051-642-2904 부산광역시 동구 범일동 290 부산진시장 3층 양모부 309호

■ **바구니속의 비즈**/비즈공예, 은공예 수강 및 재료 판매, 취미, 자격증반 모집/051-332-6957 부산광역시 북구 구포1동 614-42

■ **젬스톤**/비즈 재료 도매, 무료강습, 비즈 창업 상담, 공동구매 등 정보/051-637-0080 부산광역시 동구 범일동 부산진시장 3층 양모부 258호

- **비즈캐슬**/비즈와 각종 액세서리류를 판매하는 도매점/051-644-4015 부산광역시 동구 범일동 290번지 부산진시장 3층 양모부 1-2호
- **비즈마트**/비즈재료 도소매 및 비즈공예, 풍선아트 교육/051-852-4708 부산광역시 부산진구 양정1동 401-1
- **비즈퀸**/비즈, 구슬, 수공예 액세서리 완제품 판매 및 구슬공예 교육/051-256-2353 부산광역시 중구 신창동2가 15
- **네일비즈**/귀걸이, 목걸이, 핸드메이드 및 부자재 도매, 소매 전문/010-2799-2904 부산광역시 동구 범일동 290 부산진시장 15호문 3층 서,양모 302호
- **이지현의 Beads & Wire**/재료 및 공구 소개, 갤러리, 구슬공예품 온라인 판매/051-557-0087 부산광역시 동래구 명륜동 501-7
- **돌페이스**/비즈공예 강습 및 각종 구슬 재료 판매/051-751-9010 부산광역시 수영구 광안동 174-5 1층

전라도 지역

- **수나라 비즈공주**/비즈공예, 와이어공예, 직조, 스티치, 분재/062-654-1791 광주광역시 남구 방림동 467-6번지
- **아름다운 공예사랑**/클래식 비즈공예, 리본공예 등 자격증반, 창업반 및 취미반 운영/062-962-6867 광주광역시 광산구 월곡1동 55-7
- **아름다운 공예사랑**/비즈공예, 골판지 공예 및 한지 플라워, 리본공예 등 수강 전문/062-525-8706 광주광역시 북구 신안동 213-8
- **가랑비**/가죽이랑 비즈를 이용하여 악세사리를 만드는 회사/017-802-2001 광주광역시 북구 동림동 911-5
- **이현태 철사공예**/와이어공예 수강생 모집, 철사판매 완제품 판매/061-651-6071 전라남도 여수시 오림동 396-4번지
- **보보스&비즈갤러리**/비즈공예, 와이어공예, 직조, 스치치, 분재/063-288-7305 전주시 중앙동 3가 9-2번지
- **리본동화**/상동 소재 비즈공예 취급점/061-285-4252 전라남도 목포시 상동 992-5번지
- **에쎈주얼리**/목걸이, 귀걸이 등 수공예품 판매/010-3616-5903 전라남도 목포시 산정동 1787-32

경상도 지역

- **비즈갤러리 울산 화봉점**/비즈공예, 직조반, 와이어공예(취미반/전문가반/자격증반)/052-288-3206 울산광역시 북구 화봉동 한우리아파트 상가 1층(울산공항 앞)
- **비즈갤러리 부산 장림지회**/비즈공예, 직조반, 와이어공예, 펠트, 드레스 인형 등/051-263-9492 부산 사하구 장림동 192-8
- **비즈갤러리 경남지회**/직조반, 와이어공예, 비즈공예/055-321-2799 경남 김해시 삼방동 184-6번지(칠암 도서관 앞 약 5분 거리 국제타운사거리 신세계 약구 맞은편)
- **퀼트앤테디**/퀼트, 테디베어, 비즈 수강 및 재료 판매/055-854-9328 경상남도 사천시 사천읍 평화리 44-15
- **해바라기구슬공방**/055-255-6880 경상남도 마산시 합성1동 586
- **비즈점빵**/핸드메이드 수공예 액세서리 전문점/055-277-7129 경상남도 창원시 봉곡동 86-18
- **가락찌**/수입 비즈악세사리 쇼핑몰, 목걸이, 귀걸이, 일본 핸드폰악세사리, 프랑스 헤어악세사리 판매/055-242-7668 경상남도 마산시 창포동3가 2-3번지
- **유리병속**/비즈공예 액세서리 전문 쇼핑몰/011-869-5103 경상남도 산청군 차황면 766-2
- **온누구슬공방**/054-453-8698 경상북도 구미시 형곡동 169-3
- **비즈퀸**/원하는 것 모든 것 수공예 크리스탈 원석 목걸이 귀걸이 반지 팔찌 등/ 054-249-8107 경상북도 포항시 북구 대흥동 567

충청 지역

- **비즈갤러리 천안점**/비즈공예, 와이어공예, 직조공예, 스티치공예/041-622-1665 천안시 신부동 472-2 터미털 삼성생명 맞은편 축협 뒤 1분 거리)
- **충북 청주 비즈갤러리**/비즈공예, 와이어공예, 직조공예, 스티치공예/043-222-0520 충북 청주시 상당구 서운동 89-9(육거리)
- **대전서구 비즈갤러리**/비즈공예, 와이어공예, 분재 등/042-471-4717 대전 서구 삼천동 둔산 훼미리타운 108호

강원도 지역

- **강릉 비즈갤러리**/비즈공예, 와이어공예, 직조공예, 스티치공예/033-641-9030 강원도 강릉시 성남동 62-5 1층(중앙시장 강원 그릇백화점 맞은편)

제주도 지역

- **미미코 제주점 구슬 & 미**/비즈공예, 와이어공예/064-723-7366 제주도 이도 1동 1480-2번지
- **비즈이슬**/비즈 수공예 액세서리 도소매 및 교육/064-721-4519 제주도 제주시 연동 1528-4번지 1층

아름다운 나만의 비즈공예 미미코

돈보이는 악세사리를 만들고 싶을때는
미미코에 갑니다.
비즈공예, 와이어공예, 직조공예를 제대로
잘 배울 수 있습니다.
쉽게 배우고 즐겁게 배울 수 있는 쉼터 미미코!!
강습 상담, 재료 문의, 창업 지원 궁금점은 미미코에서 해결하세요.
취미반, 전문가반, 창업반, 교육강사 양성반 프로그램
이 여러분을 기다리고 있습니다.

아름다운 여성이 되세요!

- 홈페이지 : www.mimico.co.kr
- 강남본점 : 02-539-9603, 9605
- 오시는 길 : 분당선 한티역 1번출구 우측 직진 백중한의원 지나 우회전하면 훼미리마트 지하

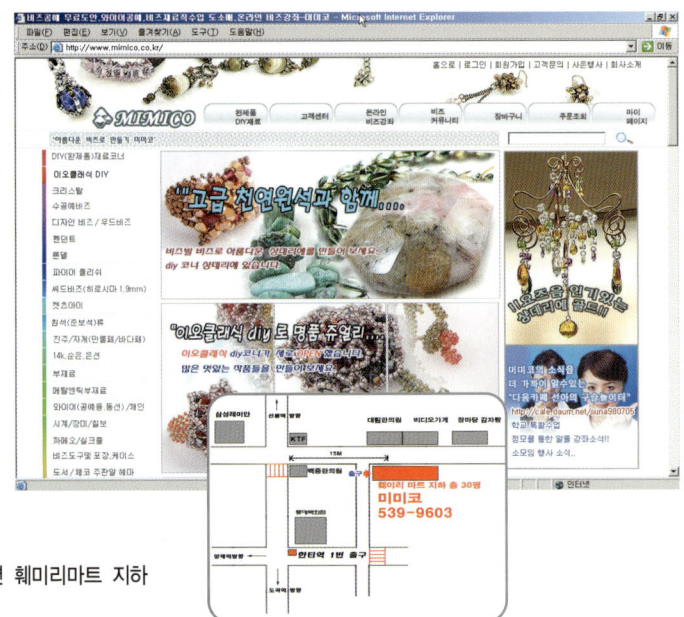

무료 수강 및 수강료 할인 쿠폰

쿠폰 지참 시
비즈 수강료 5% 할인
성&랑 용인점

경기도 용인시 김량장동 321번지(대중교통 이용 시 중앙 파출소 하차)

홈페이지 : http://cafe.daum.net/giibun

서울·경기지역

문의 **031)336-4869**

쿠폰 지참 시 전과목 수강료 10% 할인

미미코 제주점(구슬&미)   제주시 이도1동 1480-2번지

http://www.mimico.co.kr

제주도

문의 **064)723-7366**

쿠폰 지참 시 헤디스비즈 수강료 5% 할인

헤디스비즈 이대직영점   지하철 2호선 이대입구역 3번 출구, 이대 정문 방향으로 직진 두 번째 골목 내

홈페이지 : www.heddysbz.com, beadsdomae.com

서울·경기지역

문의 **02)312-7187**

쿠폰 지참 시 전과목 수강료 10% 할인(작품포함)

미미코(본점)   서울시 강남구 대치동 936-6번지 지하1층

http://www.mimico.co.kr

서울·경기지역

문의 **02)539-9603**

쿠폰 지참 시 작품하나 전과목 수강료 10% 할인

작품하나 비즈갤러리 쌍문점   서울시 도봉구 쌍문 2동 85-36 1층

서울·경기지역

문의 **02)997-7827**

쿠폰 지참 시 전과목 수강료 20% 할인

신데렐라 비즈누   경기도 광명시 하안동 35-2번지 신명빌딩 101호

011-1709-1979

서울 및 전국

문의 **02)891-0533**

쿠폰 지참 시 수강료 10% 할인

이오클래식   서울 마포구 동교동 205-9 삼호빌딩 201호

178쪽 연락처 참조

전국

문의 **02)326-2225**